Impressum
Verlag: BABADADA GmbH, Nedderfeld 112 , 22529 Hamburg
Geschäftsführer / Verlagsleitung: Harald Hof
Druck: Books on Demand GmbH, In de Tarpen 42, 22848 Norderstedt

Imprint
Publisher: BABADADA GmbH, Nedderfeld 112 , 22529 Hamburg, Germany
Managing Director / Publishing direction: Harald Hof
Print: Books on Demand GmbH, In de Tarpen 42, 22848 Norderstedt

shule
སློབ་གྲྭ

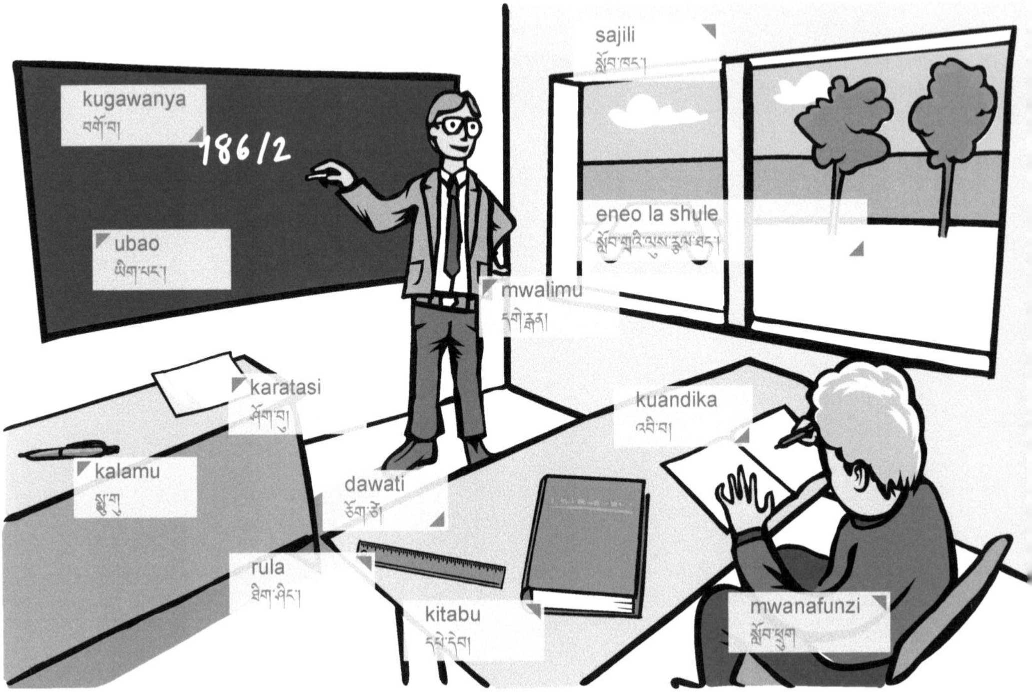
sajili
སློབ་ཐང་།
kugawanya
བགོ་བ།
186/2
ubao
ཡིག་པང་།
eneo la shule
སློབ་གྲྭའི་ལུས་རྩལ་ཐང་།
mwalimu
དགེ་རྒན།
karatasi
ཤོག་བུ།
kuandika
འབྲི་བ།
kalamu
སྨྱུ་གུ
dawati
ཅོག་ཙེ།
rula
ཐིག་ཤིང་།
kitabu
དཔེ་དེབ།
mwanafunzi
སློབ་ཕྲུག

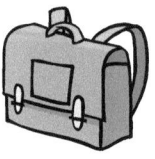

mkoba
དཔེ་ཁུག

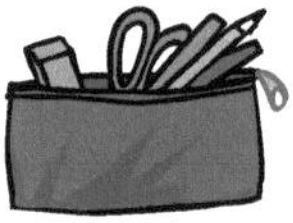

kikasha cha penseli
སྨྱུག་སྒམ།

penseli
ཞ་སྨྱུག

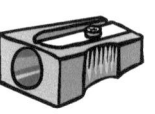

kichonga penseli
གཞོག་གྲི།

mpira
འཇིག་གསུབ།

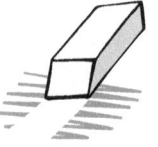

pedi ya kuchora
འབྲི་པང་།

uchoraji

ཚོན་སྐོ།

brashi ya rangi

ཚོན་ཕྱིས།

sanduku la rangi

ཚོན་སྒྲོམ།

mkasi

ཆེམ་ཙེ།

gundi

འབྱར་སྤྱི།

daftari

སྦྱོང་དེབ་སློབ་དེབ།

kazi ya nyumbani

ནང་སྦྱོང་།

nambari

ཨང་གྲངས།

jumlisha

སྣོན་པ།

ondoa

འཕྲི་བ།

zidisha

སྒྱུར་བ།

kokotoa

རྩིས་རྒྱག་པ།

barua

ཡི་གེ

alfabeti

ཀ་ཁ

neno

ཚིག

maandishi

ཡིག་གཞི།

kusoma

སློག་པ།

chaki

ས་སྨྱུག

somo

སློབ་ཚན།

sajili

དེབ་གཞུང་།

uchunguzi

ཡིག་ཚད།

cheti

ལག་ཁྱེར།

sare za shule

སློབ་གོས།

elimu

སློབ་གསོ།

elezo

ཤེས་བྱ་ཀུན་བཏུས་དེབ་ཐེབ།

chuo kikuu

སློབ་གྲྭ་ཆེན་མོ།

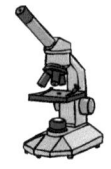

darubini

ཕྲ་མཐོང་ཆེ་ཤེལ།

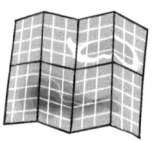

ramani

ས་ཁྲ།

kikapu cha kuweka karatasi chafu

གད་སྙིགས་གཡས་སློད།

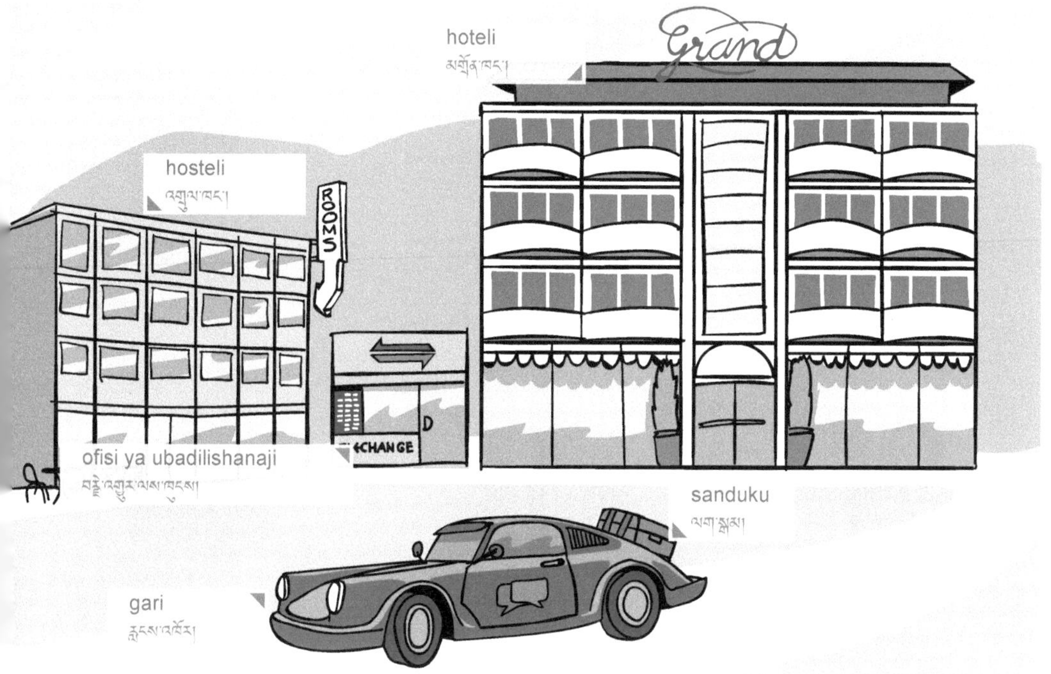

hoteli
མགྲོན་ཁང་།
Grand
hosteli
འགྲུལ་ཁང་།
ROOMS
ofisi ya ubadilishanaji
བརྗེ་འགྱུར་ལས་ཁུངས།
CHANGE
sanduku
ལག་སྒམ།
gari
རླངས་འཁོར།

lugha

སྐད་རིགས།

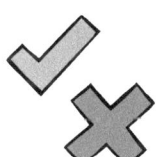

ndiyo / la

རེད། མ་རེད།

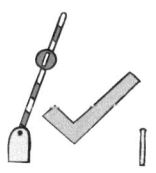

sawa

ལགས་སོ།

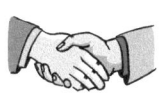

hujambo

ཁམས་བཟང་།

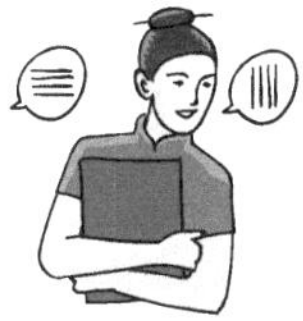

mtafsiri

ཡིག་སྒྱུར་བ།

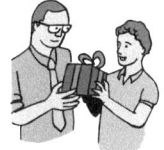

Asante

ཐུགས་རྗེ་ཆེ།

kiasi gani ni ...?

ག་ཚོད་རེད།

Sielewi

ད་གོ་མ་སོང་།

tatizo

དཀའ་ངལ།

Jioni njema!

དགོང་མོ་བདེ་ལེགས།

Habari za asubuhi!

ཞུ་རོ་བདེ་ལེགས།

Usiku mwema!

མཚན་མོ་བདེ་ལེགས།

kwa heri

ག་ལེར་ཕེབས།

mwelekeo

ཁ་ཕྱོགས།

mizigo

ཅ་ལག

mfuko

ལྐོག་མ།

shanta

རྒྱབ་ཁུག

mgeni

མགྲོན་པོ།

chumba

ཁང་མིག

begi la kulalia

ཉལ་ཁུག

hema

གུར།

taarifa ya utalii

རྒྱལ་སྤྱོད་ཁྲ་འཕྲིན།

ufuo

མཚོ་ཁའི་གྱ་གྲམ།

kadi

ཕྱིད་སྟོན་དངུལ་བུ།

kifunguakinywa

ཞོགས་ཟས།

chakula cha mchana

དགུང་ས་ཆོ།

chakula cha jioni

དུབ་ཆོ།

tiketi

པ་སེ།

kuinua

སྒྲོག་སྐས།

muhuri

ཐེལ་ཚོ།

mpaka

མཐའ་མཚམས།

mila

སྲོ་ཁྲིམས།

ubalozi

གཞན་ཚབ་ཅེན་པོའི་ལས་ཁངས།

visa

མཆན་བཀོད་ལག་ཁྱེར།

pasipoti

ལག་འཁྱེར།

usafiri

སྐྱེལ་འདྲེན་བྱེད་པ།

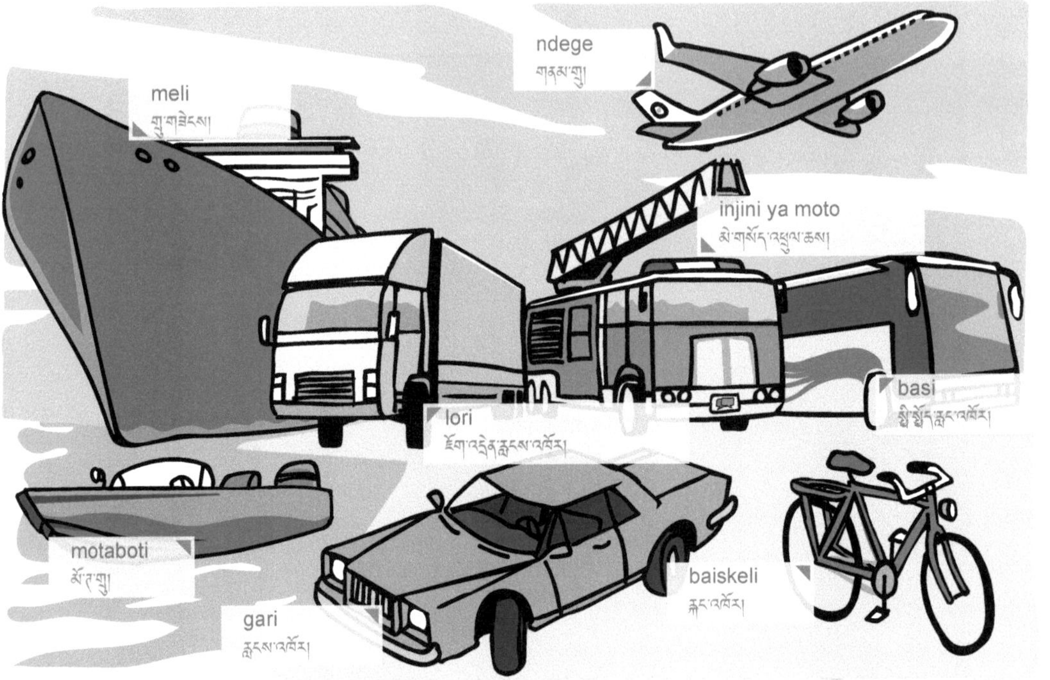

ndege
གནམ་གྲུ།
meli
གྲུ་གཟིངས།
injini ya moto
མེ་གསོད་འཕྲུལ་ཆས།
basi
སྤྱི་སྤྱོད་རླངས་འཁོར།
lori
ཐེག་འདྲེན་རླངས་འཁོར།
motaboti
མོ་ཏ་གྲུ།
gari
རླངས་འཁོར།
baiskeli
རྐང་འཁོར།

feri

ཀོ་ས།

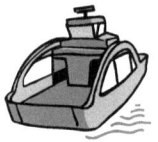

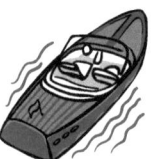

mashua

གྲུ།

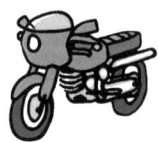

pikipiki

འཕྲུལ་རྟ།

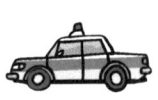

gari la polisi

བདེ་སྲུང་སྣུམ་འཁོར།

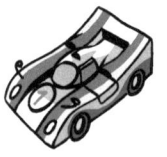

gari la mashindano

རླངས་འཁོར་འགྲན་བསྡུར།

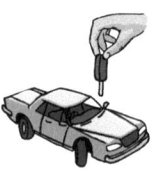

gari la kukodisha

གླ་འབབ་རླངས་འཁོར།

kushiriki gari

ཀྲུངས་འཁོར་བགོ་འགྱེམས་བྱེད་པ།

lori la kuvuta

འདྲུད་འཁོར་རྩ་སྒྲོན།

ukusanyaji taka

འདྲུད་འཁོར།

motor

མོ་ཊ།

mafuta

དུད་ཤིང་།

kituo cha mafuta

རྫ་སྣུམ་ས་ཚིགས།

ishara trafiki

འགྱོ་འགྲུལ་གྱི་མཚོན་རྟགས།

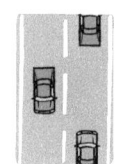

trafiki

འགྱོ་འགྲུལ།

msongamano

འགྱོ་འགྲུལ་འགགས་པ།

maegesho

ཀྲུངས་འཁོར་འཇོག་ས།

kituo cha treni

མེ་འཁོར་འབབ་ཚིགས།

reli

ལམ་ཁྲུང་།

garimoshi

མེ་འཁོར།

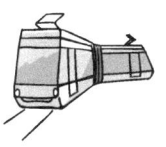

tremu

གློག་སྣུལ་གྱི་སྟོང་གི་འཁོར་ལམ།

gari la mizigo

ཉིན་དྲུད་འཁོར་ལོ།

helikopta

ཐད་འཕུར་གནམ་གྲུ།

uwanja wa ndege

གནམ་གྲུ་ས་ཚིགས།

mnara

ལྟག་ལྟོག་སྐ་ལམ་པ།

abiria

འགྲུལ་པ།

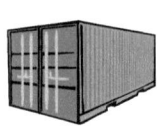

chombo

སྒྲོད་ཆས།

katoni

ལྕོག་སྒྲོམ།

mkokoteni

ཤིང་རྟ།

kikapu

གཟེད་མ།

ondoka

མཚོན་པ།

jiji

གྲོང་ཁྱེར།

kijiji

གྲོང་བ།

katikati ya jiji

གྲོང་ཁྱེར་གྱི་ལྟེ་བ།

nyumba

ཁང་པ།

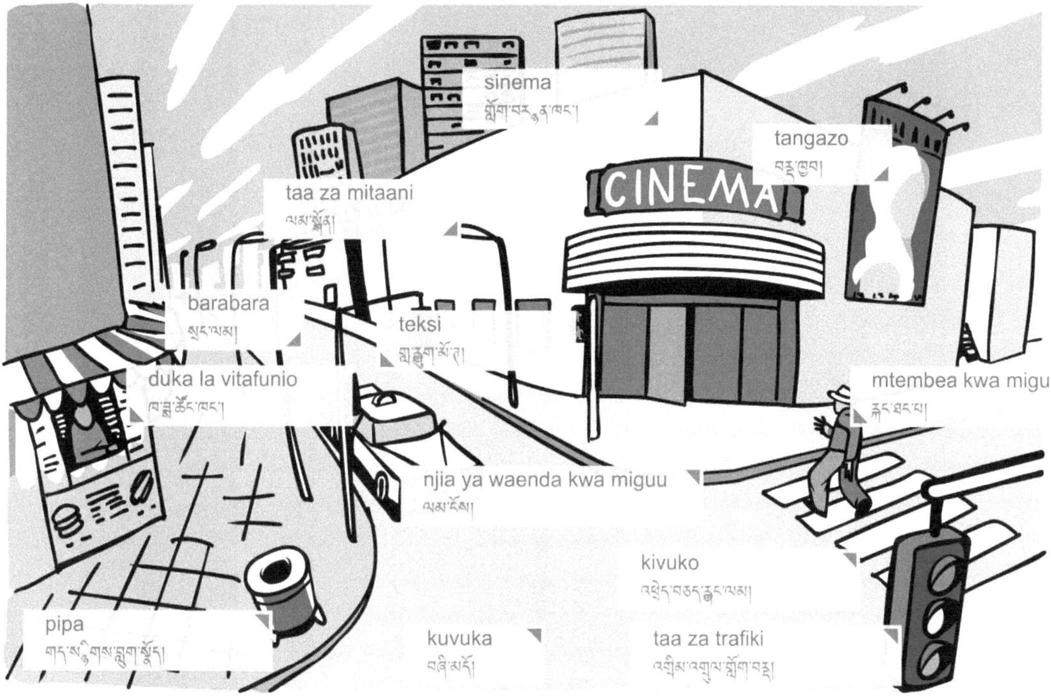

sinema
སློག་བརྙན་ཁང་།

tangazo
བསྒྲགས།

taa za mitaani
ལམ་སྒྲོན།

barabara
སྲང་ལམ།

teksi
སྐུ་ཚབ་མོ་ཊ།

duka la vitafunio
ལྟོ་ཁྲོམ་ཚོང་ཁང་།

mtembea kwa miguu
རྐང་འགྲོ་བ།

njia ya waenda kwa miguu
ལམ་འཕོས།

kivuko
འཕྲེད་བཅད་རྒྱུད་ལམ།

pipa
གད་སྙིགས་གླུག་སྣོད།

kuvuka
བརྒལ་འགྲོ།

taa za trafiki
འགྲིམ་འགྲུལ་སློག་བརྡ།

kibanda

ཁང་ཆུང་།

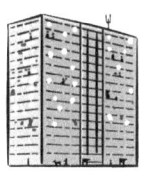

gorofa

ཁང་པ།

kituo cha treni

མེ་འཁོར་འབབ་ཚུགས།

ukumbi wa mji

གྲོང་སྡེའི་ཚོགས་ཁང་།

Makavazi

འགྲེམས་སྟོན་ཁང་།

shule

སློབ་གྲྭ།

chuo kikuu

སློབ་གྲྭ་ཆེན་མོ།

benki

དངུལ་ཁང་།

hospitali

སྨན་ཁང་།

hoteli

མགྲོན་ཁང་།

duka la dawa

སྨན་ཚོང་ཁང་།

ofisi

ལས་ཁུངས།

duka la kitabu

དཔེ་ཁང་།

duka

ཚོང་ཁང་།

duka la maua

མེ་ཏོག་ཚོང་ཁང་།

dukakuu

ཉོ་ཚོགས་ཚོང་ར།

soko

ཁྲོམ་ར།

idara ya kuhifadhi

སྤྱི་ཚོན་ཚོང་ཁང་།

mwuza samaki

ཉ་ཚོང་མཁན།

kituo cha ununuzi

ཚོང་ཁང་ལྷི་གནས།

bandari

གྲུ་ཁ།

Hifadhi

སྐྱེད་ཚལ།

benki

རྐུབ་ཀྱག་ནར་མོ།

daraja

ཟམ་པ།

vidato

ཐེམ་སྐས།

chini ya ardhi

ས་འོག་གི།

handaki

རི་སྦུག་ལམ་ཁ།

kituo cha mabasi

རྐུད་འཁོར་འབབ་ཚུགས།

bar

ཆང་ཁང་།

mgahawa

ཟ་ཁང་།

sanduku la posta

ཡིག་སྒམ།

ishara ya barabara

ལམ་གྱི་མཚོན་རྟགས།

mita ya maegesho

འཇོག་གླ་རེའི་རེར་རིག

bustani ya wanyama

གཅན་གཟིག་ཁང་།

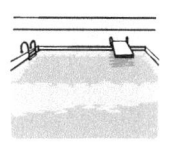

kidimbwi cha kuogelea

རྐྱལ་རྫིང་།

msikiti

ཁ་ཆེའི་ལྷ་ཁང་།

shamba

ཞིང་པ།

uchafuzi

འབགས་བཙོག

makaburini

དུར་ས།

kanisa

ལྷ་ཁང་།

uwanja wa michezo

རྩེད་ཐང་།

hekalu

ལྷ་ཁང་།

mazingira

ཡུལ་ལྗོངས།

jani
ལོ་མ།

ishara ya mwelekeo
ལམ་རྟགས།

njia
ལམ།

malisho
སྤང་ལྗོངས།

jiwe
རྡོ།

mtembeaji wa masafa
རྐང་ཐང་ཡུལ་སྐོར་བ།

mti
ཤིང་སྡོང་།

mto
ཆུ་བོ།

nyasi
རྩྭ།

ua
མེ་ཏོག

bonde

གྱུང་།

kilima

རི་བོ།

ziwa

མཚོ།

msitu

ནགས་ཚལ།

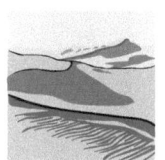

jangwa

བྱེ་ཐང་།

volkano

མེ་རི།

ngome

མཁར།

upinde wa mvua

འཇའ་ཚོན།

uyoga

ཤ་མོ།

mtende

ཏ་ལའི་ཤིང་།

mbu

དུག་སྦྲང་།

kuruka

སྦྲང་བུ།

chungu

གྲོག་མ།

nyuki

བུང་སྦྲང་།

buibui

སྡོམ།

mende

སྦུར་རྡག

chura

སྦལ་པ།

kuchakuro

ཐབ་འྱི།

nungunungu

ཅྲུན་མོ།

sungura

རི་བོང་།

bundi

འུག་པ།

ndege

བྱ།

swan

ངང་དཀར།

nguruwe mwitu

ཕ་ཐག

kulungu

ཤ་བ།

aina ya kongoni

རྱ་མོང་ཤྭ་བ།

bwawa

རྱ་རྒགས།

tabo ya upepo

རླུང་གི་འཕུལ་རྩ།

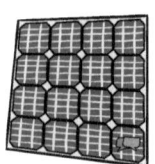

nishaji ya jua

ཉི་མའི་བཟུགས་སྟོལ་ཚིགས་རྩད།

hali ya hewa

ནམ་ཟླ།

mhudumu
ཞབས་ཞུ་བ།

menyu
ཚོད་ཡིག

kiti
ཀུབ་ཀྱག

supu
ཐུག

piza
པི་ཙ།

kitambaa cha mezani
ཙོག་རས།

vilia
གྱི་རིགས།

kiamsha hamu
ཟས་དང་ཡོ།

kozi kuu
གཙོ་ཆོས།

kitindamlo
རབ་ར་ཟས།

vinywaji
འཐུང་བ།

chakula
ཁ་ལག

chupa
ཤེལ་དམ།

chakula cha haraka

མགྱོགས་ཟས།

Streetfood

སྲང་གི་ཟས་ཞིབ།

buli

ཇ་འབལ།

kisanduku cha sukari

བདར་པོ་ད།

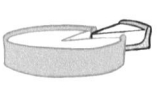

sehemu

དུམ་བུ།

mashine ya espresso

ཆིག་རྒྱ་འཕུལ་ཆས།

kiti kirefu

ཀྲུང་མཐོ་ཀྲུང་སྒུགས།

muswada

ཐོ་ཡིག

trei

ཤིང་ཆུང་།

kisu

ཟ་གྲི།

uma

ཟས་ཙེ།

kijiko

ཞིམ་བུ།

kijiko cha chai

ཐུར་མ།

nepi

ལག་རས།

glasi

ཤེལ་ཕོར།

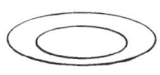

sahani

སྡེར་མ།

sahani ya supu

ཐབ་ཕོར།

sufuria

སྡེར་དཔྱིས།

mchuzi

སྩོད་རྫས།

kichanyaji chumvi

ཚྭ་ཕོར།

kinu cha pilipili

གཡེར་མ་འཐག་འཁོར།

siki

ཚུར།

mafuta

སྣུམ།

viungo

སྦུར་སྣ།

kechapu

ལེ་ཅུ་མ།

haradali

སྐྱེ་ཏྲེ།

kachumbari nzito

སྩོད་མེར་ཅུད།

dukakuu

སྣ་ཚོགས་ཁྲོམ་ར།

ofa maalum
དམིགས་བསལ་གྱི་རིན་གོང་།
FOR
mteja
མཁོ་མཁན།
maziwa
འོ་རྣམ།
matunda
ཤིང་ཏོག
toroli
འདྲུད་འཐེན་འཁོར་ལོ

BUTCHERS

mchinjaji

བཤས་ཚོང་།

BAKERY

mwokaji

བག་སོབ་ལས་མཁན།

uzito

ལྗིད་ཚོད་འཇོགས་པ།

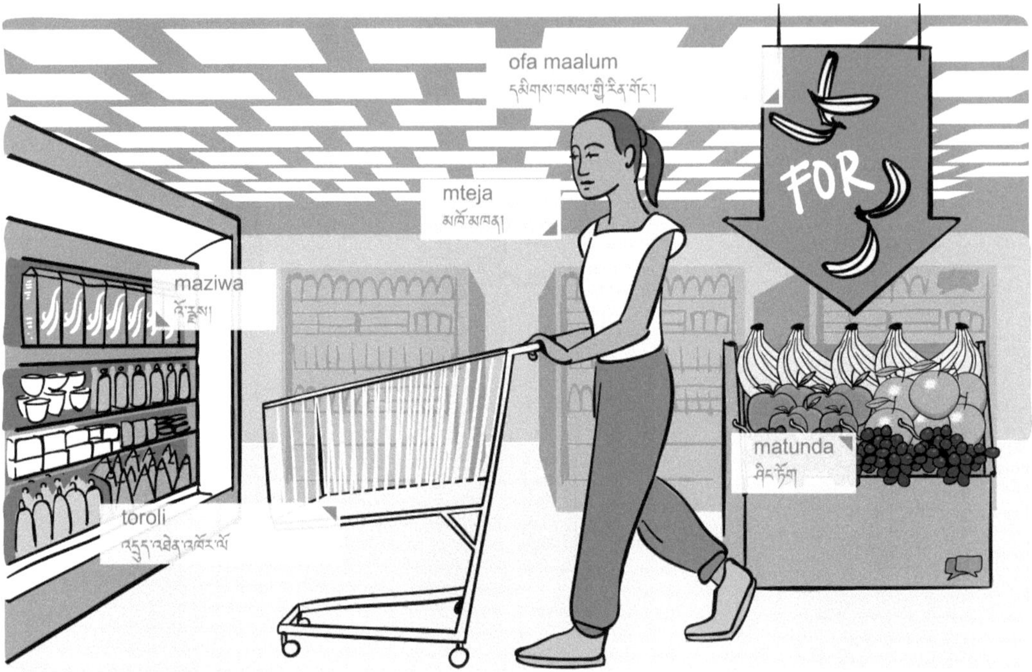

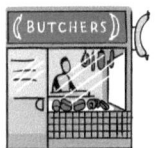

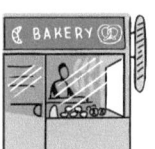

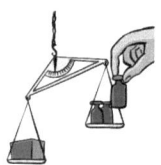

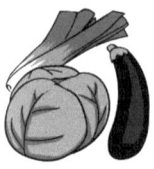

mboga

ཚོད་མ།

nyama

ཤ།

chakula waliohifadhiwa

འཁྱགས་ཟས།

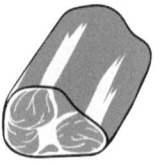

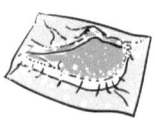

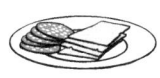

vipande vya nyama baridi

ཤ་སྒུལ།

chakula cha kopo

ཀྱིར་བཙུབ་པའི་ཟ་མ།

sabuni ya unga

ཕྱེས་ཕྱུས།

pipi

སྤང་ར་ཟས།

bidhaa za kaya

ཁྱིམ་ཆས།

bidhaa za kusafisha

ཕྱོན་རྐྱུས་གཙང་དག

mtu mauzo

འགྱིས་ཚོང་མཁན།

mpaka

དངུལ་སྒྲོམ།

keshia

དངུལ་གཉེར།

orodha ya manunuzi

དངོས་ཐོ་ཉིར་ཡོ།

masaa ya ufunguzi

སྒོ་འབྱེད་དུས་ཚོད།

mkoba

དངུལ་ལྷུག

kadi

ཕྱེད་སྟོན་བྱང་བུ།

mfuko

ལྷུག་ས།

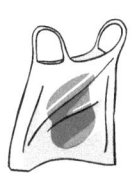

mfuko wa plastiki

འགྱིག་ཕྱང་།

maji

ཆུ།

sharubati

ཤིལ་ལ།

maziwa

འོ་མ།

coke

ཁ་རེག

mvinyo

རྒུན་ཆང་།

bia

སྦུ་ཆང་།

pombe

ཆང་རིགས།

kakao

ཀོ་ཀོའི།

chai

ཇ།

kahawa

ཀོ་ཕི།

spreso

ཀོ་ཕི།

kapuchino

ཀ་པའི་ཚི་ནོ།

ndizi

རང་ལག

tufaha

ཀུ་ཤུ།

machungwa

ཚ་ལུ་མ།

tikiti

སྨུ་རྩི་ག་གོན།

lemon

ལེ་མོན།

karoti

ལ་ཕུག་སེར།

kitunguu saumu

སྒོག་པ།

mianzi

སྨྱུག་མ།

kitunguu

ཙོང་།

uyoga

ཤ་མོ།

karanga

བད་སྒོག་ས།

nudo

རྡུག་པ།

spageti

རྩམ་ཐག

mpunga

འབྲས།

saladi

གད་ཚལ།

vibanzi

ཞིབ་པ་སི།

viazi vya kukaanga

ཡོངས་མ་སྲེག་པ།

piza

པི་ཙ།

hambaga

ཧེམ་བྷུ་ག།

sandwichi

བག་ལེབ་མནྡྷ་ཝི་ཆི།

kipande

ཀ་ཉིག་གཏོགས།

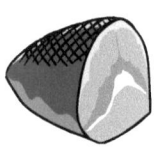

paja la mnyama

ཕག་ཤ་དུང་མ།

salami

ས་ལ་མི།

soseji

རྒྱུ་མ།

kuku

བྱ་ཤ།

choma

སྲེག་པ།

samaki

ཉ།

oats ya uji

ཡུ་བ།

muesli

སྦོ་ཚི་ལི།

cornflakes

ཨ་ཤོམ་ལེབ་མོ།

unga

ཕྱེ་མ།

kroisanti

གྱུང་མ།

andazi

བག་ལེབ།

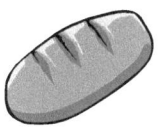

mkate

བག་ལེབ།

mkate wa kubanika

བག་ལེབ་ཙིག་གཞིགས་སྲེག་མ།

biskuti

སྐམ་ཤོན།

siagi

མར།

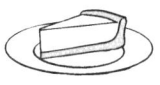

maziwa mgando

ཞོ།

keki

བག་ལེབ་མོན་མོབ།

yai

སྒོ་ང་།

yai kukaanga

སྒོ་ང་བརྔོས་མ།

jibini

ཕྲུམ་མ།

aiskrimu

འཁྱགས་ཤོ།

sukari

ཞེ་མ་ཀ་ར།

asali

སྦྲང་རྩི།

jemu

ལྦེམ་ས།

kuenea kwa chokoleti

ཅོག་ལི་ཚད།

mchuzi wa viungo

སྣ་ལེ་མ།

nyumba ya kilimo
གཞལ་ཁང་།

majani bale
རྩྭ་ཕུང་།

ghalani
འབྲུ་ཁང་།

uwanja
ཞིང་ས།

farasi
རྟ།

trela
འདྲུད་སྒུལ་འི་འཁོར་ལོ།

mtoto
རྟ་ཕྲུག

trekta
འདྲུད་འཁོར།

punda
བོང་བུ།

mwanakondoo
ལུ་གུ

kondoo
འདྲུད་འཁོར།

mbuzi

ར་མ།

ng'ombe

བ་གློ།

ndama

བེ།

nguruwe

ཕག

mwananguruwe

ཕག་ཕྲུག

fahali

གླང་།

batabukini

ངང་པ།

bata

བྱ་གག

kifaranga

བྱིའུ་ཕྲུག

kuku

བྱ་མོ།

jogoo

བྱ་ཕོ།

panya

ཙི་ཙི།

paka

ཞི་མི།

panya

ས་ཕྱི་ལེན།

ng'ombe

བ་གླང་།

mbwa

ཁྱི།

nyumba ya mbwa

ཁྱིའི་ཁང་།

bomba la bustani

མེ་ཆུ་ལུར་བའི་ཁབ་ལ།

debe la kumwagilia maji

ཆུ་འདྲེན་པའི་ལྐུགས་ལེན།

fyekeo

ཟོར་བ།

kulima

ཞིང་གཤོལ།

mundu

ཟོར་བ།

jembe

འཛོལ།

uma wa nyasi

རྩྭ་སྐྱོབ་ཀྱི་ལ་དཔག

shoka

སྟ་རེ།

toroli

འཁོར་ལོ་གཅིག་མ།

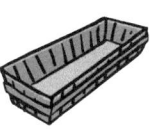

kupitia nyimbo

དགབ་ཁ།

chombo cha maziwa

ནོ་ཟོ།

gunia

སོ་ཁུག

ua

ར་བ།

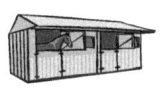

imara

བཅུན་གོ།

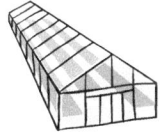

chafu

ཕྱུག་ཁང་།

udongo

ས།

mbegu

འབྲུ།

mbolea

ལུད་རྫས།

kivunaji

བཅས་བསྡུ་འཕྲུལ་འཁོར།

mavuno

ཕྱོན་བསྡུ་བ།

mavuno

ཕྱོན་འབབ།

viazi vikuu

རི་སྐྱེས།

ngano

འབྲོ།

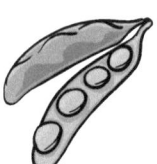

soya

ཧྲང་ཡུས།

viazi

ཡོང་མ།

mahindi

མ་རྐྩལ་ལེ་ཚི།

rapa

ཡུངས་དཀར་འབྲུ།

mti wa matunda

ཤིང་སྡོང་།

muhogo

ཞོག་ཁོག་མངར་མོ།

nafaka

འབྲུ་རིགས།

nyumba

ཁང་པ།

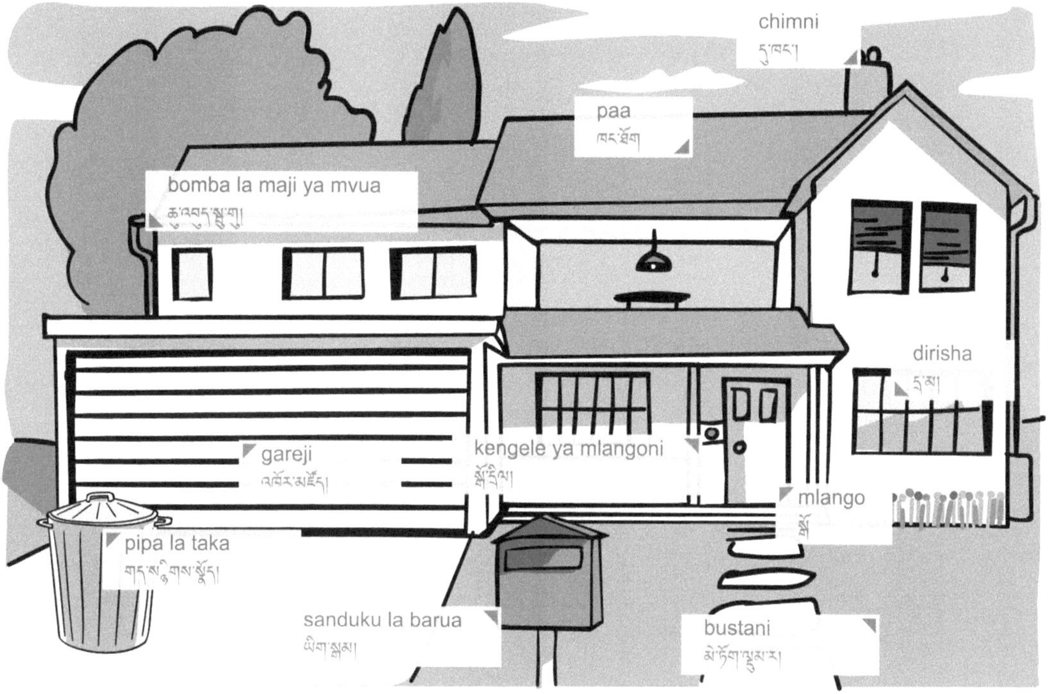
chimni
དུ་ཁུང་།
paa
ཁང་ཐོག
bomba la maji ya mvua
ཆུ་འབབ་སྦུ་གུ།
dirisha
དྲ་མ།
gareji
འཁོར་མཛོད།
kengele ya mlangoni
སྒོ་དྲིལ།
mlango
སྒོ
pipa la taka
གད་སྙིགས་སྡོད།
sanduku la barua
ཡིག་སྒམ།
bustani
མེ་ཏོག་ལྡུམ་ར།

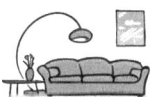

sebuleni

སྡོད་ཁང་།

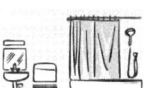

bafu

འཁྲུས་ཁང་།

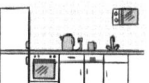

jikoni

ཐབ་ཚང་།

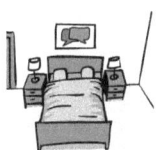

chumba cha kulala

ཉལ་ཁང་།

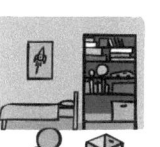

chumba ya mtoto

བྱིས་པའི་ཁང་པ།

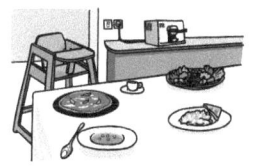

chumba cha kulia

ཁ་ལག་ཟ་ས།

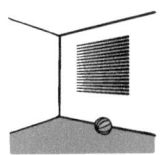

sakafu

པང་གཅལ།

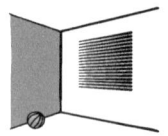

ukuta

གྱང་།

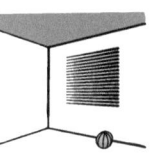

dari

གནམ་གཅལ།

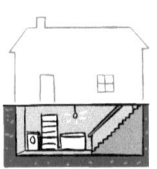

pishi

ས་འོག

sauna

ཚ་རྔམ་ཁུམས།

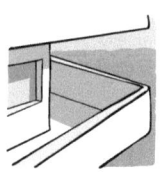

roshani

འདྲེམས་གཡབ།

mtaro

སྐས་ཞིང་།

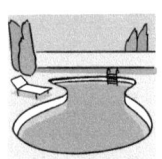

kidimbwi

རྫིང་བུ།

mashine ya kukata nyasi

རྩྭ་འབྲེག་འཕྲུལ།

karatasi

ལེབ་སྒོ།

kitambaa cha kupamba
kitanda

ཁྲེལ་གྱི་ལེབགས།

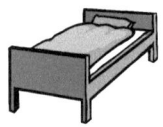

kitanda

ཁྲེལ་སྒོ།

ufagio

ཕྱགས་མ།

ndoo

ལྕགས་ཞེམ།

kubadili

མཐུད་སྒོ།

mandhari
གྱང་ཕྱོག

picha
པར་རིས།

taa
སྒྲོན་མེ།

rafu
བང་ཁྲི།

kabati
འབའ་སྒམ།

mekoni
ཐབ།

televisheni/runinga
བརྙན་འཕྲིན།

ua
མེ་ཏོག

mto
སྔས།

chombo cha maua
བུམ་པ

sofa
འབོལ་གདན།

kitenzambali
རྒྱབ་གཏོགས་ཡོ་ཆས།

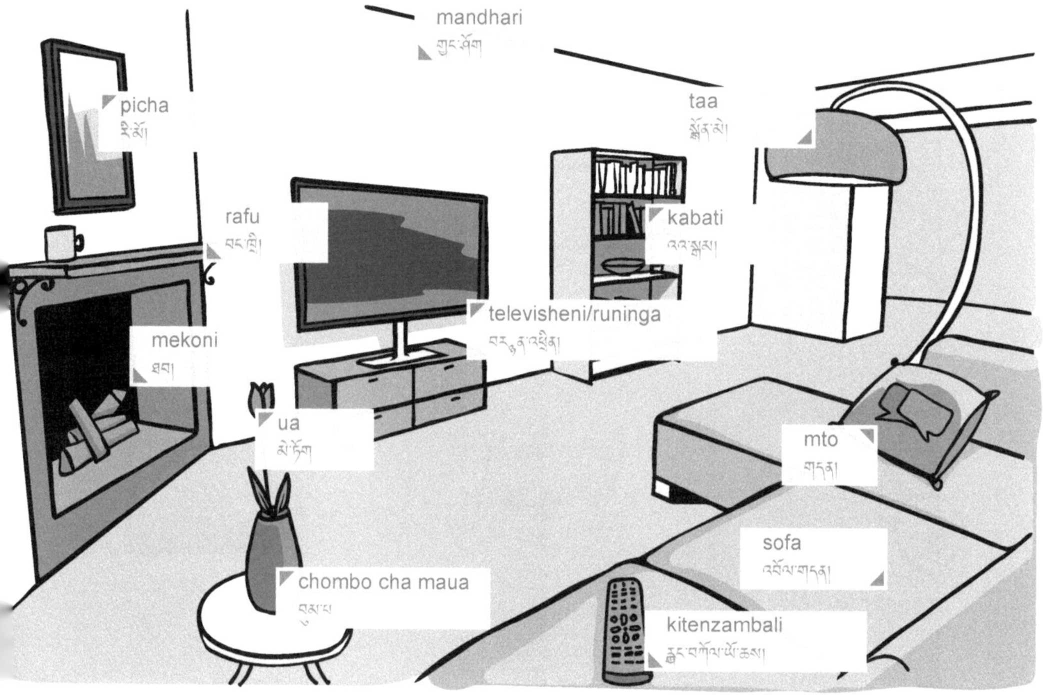

zulia
ས་གདན།

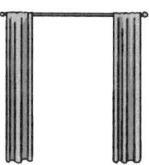

pazia
ཡོལ་བ།

meza
ཅོག་ཙེ།

kiti
སྟེགས་ཁྲི།

kiti cha bembea
འབབ་ཕྱོགས་འགུལ་སྐྱོད་སྟེགས་སྟེགས།

armchair
རྒྱབ་ཁྱགས་ལག་འཛིན།

kitabu

དཔེ་དེབ།

blanketi

ཉལ་ཐུལ།

mapambo

རྒྱན་བཀོད།

kuni

མེ་ཤིང་།

filamu

གློག་བརྙན།

kifaa cha hi-fi

བསྡེབས་བསྒྲིགས་སྒྲ་ཆས།

ufunguo

ལྡེ་མིག

gazeti

གསར་ཤོག

uchoraji

ཚོན་རིས།

bango

གསར་བསྒྲགས་སྒྱུར་ཡིག

redio

རླུང་ཕྲིན།

daftari

ཟིན་བྲིས།

kifyonza

རྡུལ་ཕྱགས།

dungusi kakati

ཀྲུ་ཤིང་།

mshumaa

ཡང་ལ།

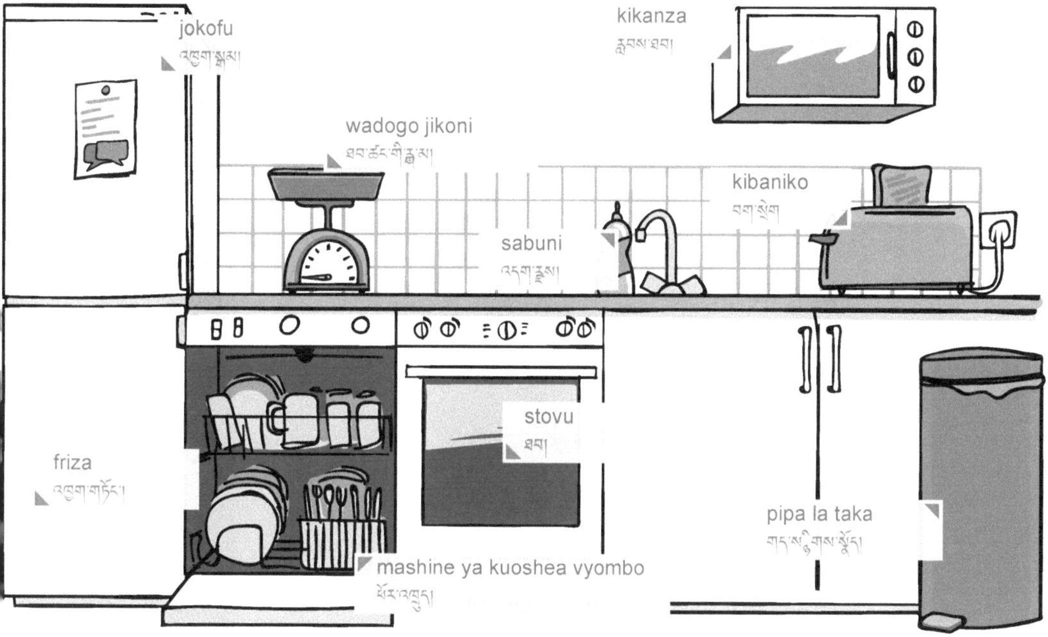

jokofu
འཁྱག་སྒམ།

kikanza
རྩུབ་ཁང་།

wadogo jikoni
ཐབ་ཚང་གི་རྩུབ།

kibaniko
བག་སྲེག

sabuni
འདག་རྫས།

stovu
ཐབ།

friza
འཁྱག་གཏོང་།

pipa la taka
གད་སྙིགས་སྙོད།

mashine ya kuoshea vyombo
ཕོར་འཁྲུད།

jiko la kupika
དཔལ་གས་རྟེན།

chungu
ཟ་འབུ།

sufuria ya chuma
ལྕགས་ཟངས།

wok / kadai
སྒྱེད།

kaango
ཆོད་སྒྱེད།

birika
ཇ་སྙོད།

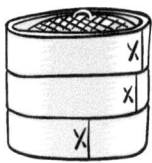

stima

 སྨོག་སྦུ།

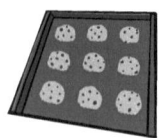

sinia ya kuoka

བསྲེགས་སྣོད།

vyombo vya udongo

རྫ་ཆས།

kombe

ཀོ་རེ།

bakuli

ཕོར་པ།

vijiti vya kulia

ཐུར་མ།

ukawa

གཟར་བ།

mwiko mpana

གྱི།

burashi

དཀར་ཡུར།

kichujio

ཚགས་སྐོགས།

chujio

ཚགས་རྒྱ།

mbuzi

ཞིབ་ཕྲུག་འཕུར་འགེབས།

chokaa

སྟོག་ཏིང་།

barbeque

ཁ་བསྲེགས།

moto wazi

མེ་ཚོགས།

ubao wa majaribio

ཚོད་པད༭།

kijiti cha kusukuma unga

སྐོལ་ཤིང་།

kizibuo

འདྲ་པ་བཏོན།

kopo

ལྕགས་ཀྱིན།

inaweza kopo

ལྕགས་ཀྱིན་ཁ་འབྱེད་རྐས།

kishikio cha chungu

ཏོ་སློས།

karo

ཁ་ལུས།

brashi

སྐུ་ཤད།

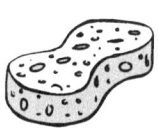

sifongo

འགྱིག་སྤོན།

kisagaji matunda

སྤུ་དཀྱག་འཁྲུལ་འཁོར།

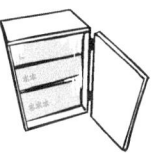

friji ya kina

འཁྱག་རྫབ་འཁྲུལ་འཁོར།

chupa ya mtoto

ཧྲིས་པའི་དུར།

bomba

སྐུ་ག།

joto
རྡོག་རྩུབས་མ་ལོ་འདོན།

mfereji wa kuogea
འཁྲུ་ཆུས།

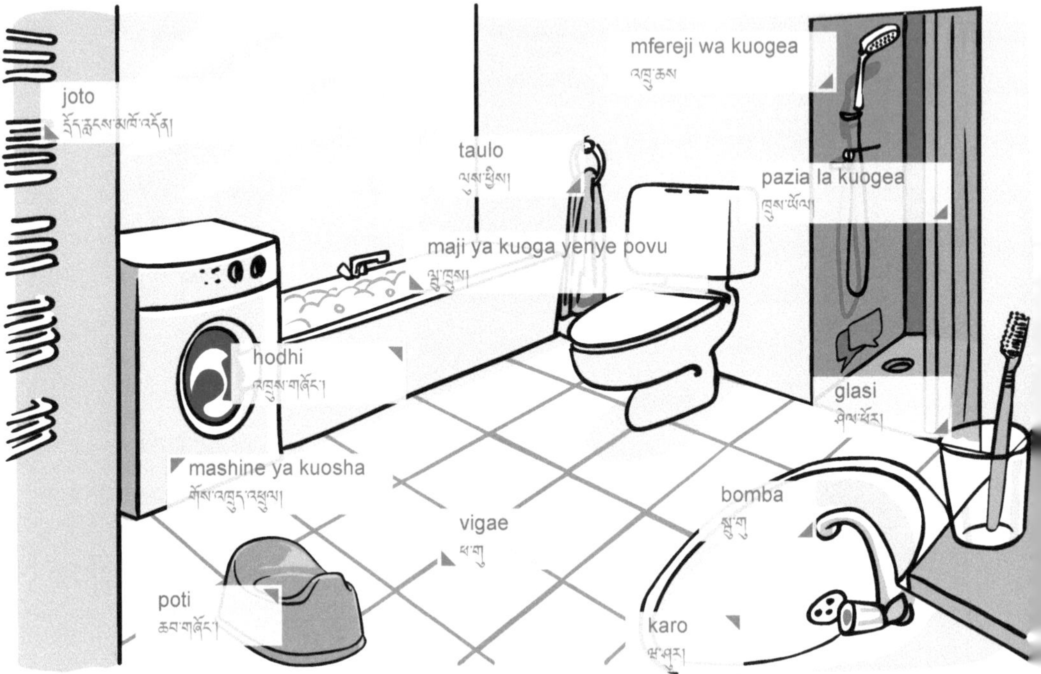

taulo
ལུས་ཕྱིས།

pazia la kuogea
ཁྲུས་ཡོལ།

maji ya kuoga yenye povu
སྤུ་ཁྲུས།

hodhi
འཁྲུས་གཟོང་།

glasi
ཤེལ་ཕོར།

mashine ya kuosha
གོས་འཁྲུད་འཕྲུལ།

bomba
ཆུ་ལྕགས།

vigae
པ་བ།

poti
ཆབ་གཟོང་།

karo
ཁུ་སྣོད།

choo འདག་སྤྱབས་ཆབ་གཟོག	choo cha squat གསང་སྤྱོད།	beseni la mviringo འཁྲུས་གཞོང་།

choo cha umma
གཅིན་གཏོང་ཆས།

shashi
གཅང་ཤོག

brashi ya choo
གསང་སྤྱོད་ཤེད།

mswaki

ས་བཀུ

dawa ya meno

ས་སྨན

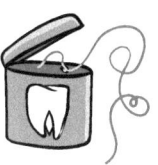

dawa ya meno

ས་སྨན

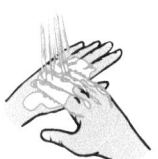

safisha

བཀྲུ་བ

kuoga mkono

ལག་ཏུ་བཀྲུ་བའི་འཕྲུལ་ཆས

msukumo wa maji

ཆུ་ས

bonde

གཞོང་ས

mpako wa pili

ཀྲུག་ཤད

sabuni

སྦུས་ཆ་ས

jeli ya kuogea

ཁྲུས་ཇེལ

shampuu

སྐྲ་འཁྲུད་རྫི་གུ

flana

ཕྲན་སྐུ

toa maji

ཆུ་གཏོང་བ

krimu

ས་སྨན

kiondoa harufu

རི་ཞིམ་ས

kioo

སེ་ལོང་།

kioo mkono

སེ་ལོང་།

kinyozi

སྐྲ་བཞར།

povu la kunyoa

བཞར་བའི་སྤུམ།

baada ya kunyoa

ཁ་སྤུ་བཞར་རྗེས།

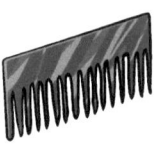

kichana

སོ་མད།

brashi

ཤད།

kikausha nywele

སྐྲ་འབབད་འཕུལ་འཕོར།

marashi ya nyewele

འཐག་སྐུད།

vipodozi

རྒྱན་ཕིར།

kidomwa

མཆུ་རྩི།

varnish ya msumari

སེན་རྩི།

pamba

བལ་ཕྲུག

mkasi wa kucha

སེན་ཆག

manukato

སྤོས་ཆུ་ཞིམ།

mkoba wa kuosha

འཁྲུ་ཁུག

kinyesi

བཞད་ལྷི་དོར་བ།

mizani

ལུས་རྒྱ།

nguo ya kuoga

འཁྲུ་གོས།

glavu za mpira

འགྱིག་སྦྱིན་ལག་ཤུབས།

kisodo

སྨྱུད་ཞིབས།

sodo

ཉེན་ཤོག

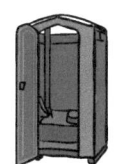

kemikali choo

རྫས་འགྱུར་གསང་སྤྱོད།

chumba ya mtoto
བྱིས་པའི་ཁང་པ།

saa ya kengele
དྲིལ་བརྡ་ཆུ་ཚོད།
kidoli cha kupakata
བལ་སྐུད་རྩེད་ཆས།
gari bandia
རྩེད་ཆས་རླངས་འཁོར།
kelele
སྒྲག་ཅོར།
chumba cha midoli
རམ་ཨོ་ལོའི་ཁང་ཆུང་།
sasa
ལག་རྟེན།

baluni
དབུགས་ལྒང་།

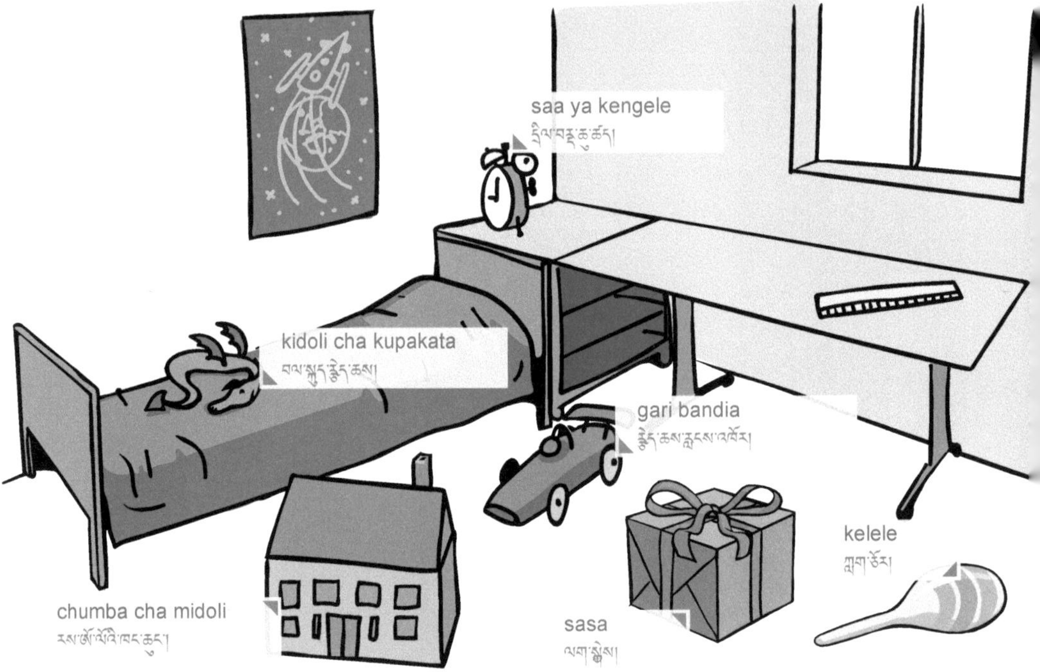

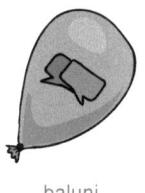

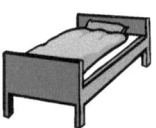

kitanda
ཉལ་ཁྲི།

mashua
བྱིས་པའི་འགྲོགས་འཁོར།

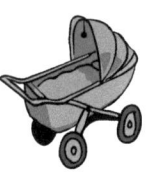

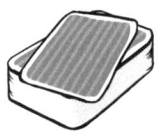

staha ya kadi
ཤོག་སྦག

mchezo-fumb
རིམ་བསྒྲིག་རྩེད་ཆས།

SUPER MEGA
vichekesho
ལྷུ་འབྲེལ་རི་མོ།

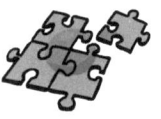

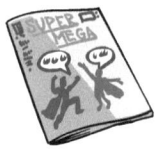

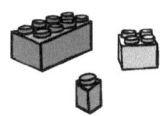

matofali lego

ལེ་གོ།

vitalu mwigo

བརྐོས་ཤིང་།

hatua takwimu

དབྱིབས་འགྱུར་འཕྲུལ་མི།

suti ya kulalia

ཉལ་རས་སོ།

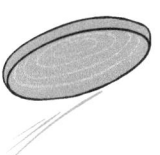

kisahani

འཕུར་སྡེར།

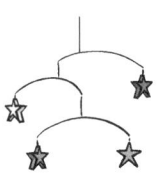

simu

སྐྱ་བདེའི་རྩེ་ཆས།

ubao wa michezo

ཤིག་སངས་ཀྱི་རོལ་རྩེད།

kete

ཤོ་རྩེད།

garimoshi mwigo

དཔེ་རྟེགས་མེ་འཁོར།

dummy

སྣུས་མ།

chama

འདུ་ཚོགས།

picha kitabu

རི་མོའི་དཔེ་དེབ།

mpira

པོ་ལོང་།

kikaragosi

བརྩེ་ཨོ་ལོ།

kucheza

རྩེད་མོ་རྩེ་བ།

shimo la mchanga

ཕྱི་དོང་།

bembea

འཕྱང་རྩེད།

vitu bandia

རྩེད་ཆས།

kiweko cha video ya mchezo

རྩེད་འཕྲུལ།

baiskeli ya magurudumu

འཁོར་གསུམ་འཁོར་ལོ།

matatu

mwanasesere

ཕྲུ་གུའི་ཉེར་ལུང་།

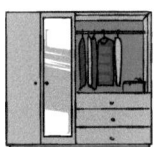

kabati

གོས་སྒམ།

soksi

རྐང་ལྷབས།

stokingi

ཞབས་ལ་ལག

kibano

རྐང་ལྷབས།

skafu
སྐེ་དཀྲིས།

ukanda
དོར་ཆ།

mwavuli
གདུགས།

fulana
སྟོད་ཐུང་།

viatu
ལྷམ།

wakufunzi
རྐུབ་སློང་སྐྱོན་ཆས།

ndara
བསྨིལ་ལ་ལྷམ།

malapa
འདུར་ལྷམ།

viatu
ལྷམ།

mabuti ya mpira
འགྱིག་ལྷམ།

suruali ya ndani
ཨང་རག།

sidiria
ནུད་ཤིབས།

fulana
རྒྱལ་ཤིས།

mwili

དུག་རྫིའི་གྱོན་ཆས།

suruali

རྐང་ཁོ།

dangirizi

འཛིན།

sketi

སྨད་གཡོགས།

blauzi

ལྭག་འཇབ།

shati

སྟོད་ཐུང་།

vuta

བལ་གྱོས།

sweta

ཤུ་ལྭ།

bleza

རྫེད་གོས་སྟོད་ལེ།

jaketi

ཀྲ་ཀེ་ཊེ།

koti

སྟོད་གོས།

koti la mvua

ཆར་གོས།

maleba

གྱོན་ཆས།

gauni

གྱོན་གོས།

mavazi ya harusi

བག་གོས།

suti

རྡུལ་སློག

vazi la usiku

སལ་གོས

pajama

རྡུལ་གོས

sari

ས་རི

skafu

མགོ་དཀྱིས

kilemba

མོད་དཀྱིས

burka

ཚོག་ལ

kaftan

ཀ་ཧྥ་ཏན

abaya

ཨ་པ་ཡ

vazi la kuogelea

རྐྱལ་གོས

vazi la kiume la kuogelea

བུད་ཚོག

kaptura

དོར་ཐུང

teitei

ལུས་རྐུབ་སྒྱིན་ཆས

aproni

པང་གདན

glavu

ལག་འབོབས

kifungo

སྤོག་གུ།

glasi

མིག་ཤེལ།

bangili

ལག་གདུབ།

mkufu

སྐེ་ཆུན།

pete

རྫི་གསེ་ལོབ།

herini

རྣ་ལོན།

kofia

ཞྭ།

kiango cha koti

གོས་ཁྲུད།

kofia

གུས་ཞྭ།

tai

གོད་དགྲིས།

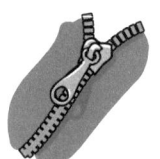

zipu

འཛེར་སྒྲོག

kofia

ཐྲོག

kanda za suruali

དཔུང་ཁག

sare za shule

སློབ་གོས།

sare

སྒྲིག་ཆས།

bibu

ཀྲུ་འཛིནས།

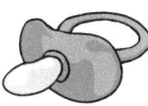

dummy

ནུག་མ།

ཀུ་གད་ས།

nepi

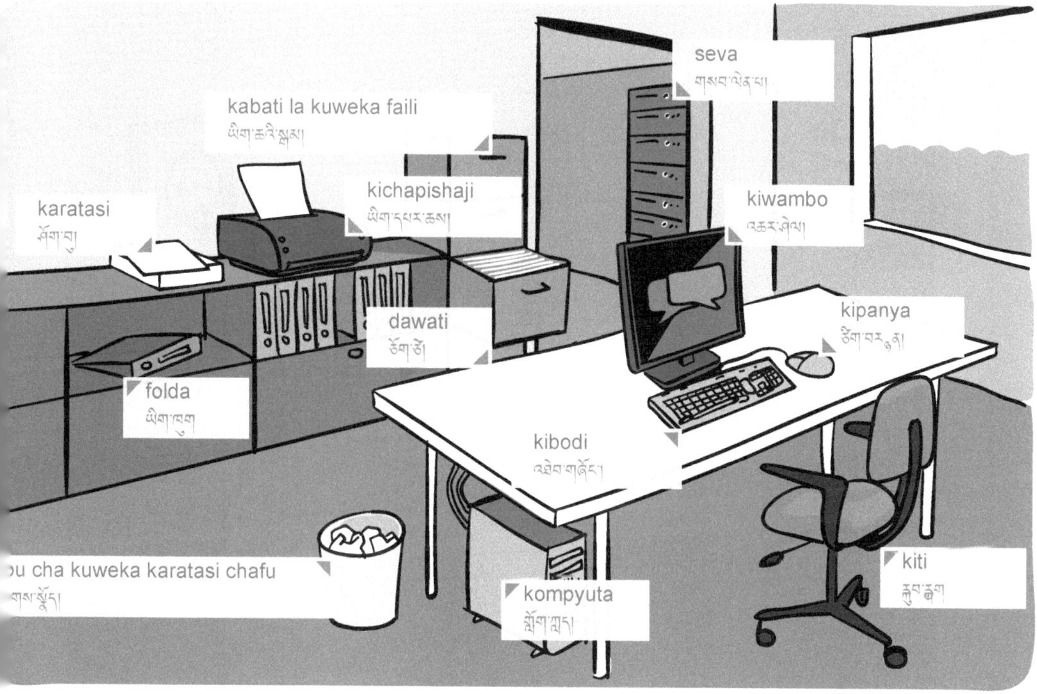

seva

གསན་ལེན་མ།

kabati la kuweka faili

ཡིག་ཚའི་སྒྲོམ།

karatasi

ཤོག་བུ།

kichapishaji

ཡིག་དཔར་ཆས།

kiwambo

འཆར་ཤེལ།

dawati

ཚོག་ཙེ།

kipanya

ཙི་གུ་བར་དུན།

folda

ཡིག་ཤུབས།

kibodi

འབྲེལ་གཏོངད།

bu cha kuweka karatasi chafu

གནས་སྐོར།

kompyuta

གློག་ཀླད།

kiti

རྐུབ་ཀྱག

kmobe la kahawa

ཁོལ་ཇ་ཀོ་པེ།

kikokotoo

ཨང་རྩིས་འཕྲུལ་ཕྲུག

biashara

ཚོང་།

mbali

ལག་འཁྱེར་གློག་ཀླད།

barua

ཡི་གེ

ujumbe

འཕྲིན་ཐུང་།

rununu

ལག་འཁྱེར་ཁ་པར།

intaneti

དྲ་ལམ།

fotokopia

བརྒྱབ་དཔར་ཆས།

programu

མཉེན་ཆས།

simu

ཁ་པར།

soketi

སྐུད་གནས།

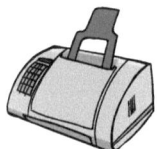

kipepesi

རླུང་འཕྲོ།

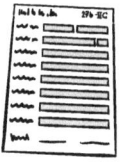

fomu

རེའུ་མིག

hati

ཡིག་ཆ།

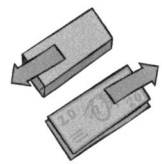

kununua

ཉོ།

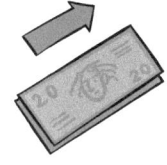

kulipa

དངུལ་སྤྲོད་པ།

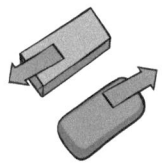

biashara

ཚོང་རྒྱག་པ།

fedha

སྤྲོད་པོ།

dola

ཨ་སྒོར།

yuro

ཡོ་སྒོར།

yeni

ཇེ་གོས།

rouble

རབ་སྤུལ།

faranga ya Uswisi

སུའི་ཙེར་གྱི་ཧྲ་རན་མའི་སྤྲོ་པོ།

renminbi yuan

རྒྱ་ནག་གི་སྒོར་པོ།

rupia

ལཱ་པི།

eneo la kulipia

ལག་དངུལ་གྱི་གནས།

ofisi ya ubadilishanaji

 བརྗེ་འགྱུར་ལས་ཁུངས།

dhahabu

གསེར།

fedha

དངུལ།

mafuta

སྣུམ།

nishati

ནུས་ཤུགས།

bei

རིན་གོང་།

mkataba

གན་རྒྱ།

kodi

དཔྱ་ཁྲལ།

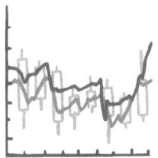

bidhaa

ཚོང་ཟོག

kazi

ལས་ཀ་བྱེད་པ།

mfanyakazi

ལས་བྱེད་པ།

mwajiri

ལས་ཀ་སྤྲོད་མཁན།

kiwanda

བཟོ་གྲྭ།

duka

ཚོང་ཁང་།

afisa wa polisi
ཉེན་རྟོག་དམག་མི།

mzimamoto
མེ་གསོད་མཁན།

rubani
གནམ་གྲུའི་ཁ་ལོ་བ།

daktari
སྨན་པ།

mpishi
མ་བྱན།

mtunza bustani

ལྗུས་ར་པ།

seremala

ཤིང་བཟོ་བ།

mshonaji

ཚེམ་སྤ་མཁན།

hakimu

ཁྲིམས་དཔོན།

mwanakemia

རྫས་སྦྱོར་པ་མཁས་པ།

muigizaji

གློག་བརྙན་འཁྲབ་སྟོན་པ།

dereva wa basi

ཁ་ལོ་པ།

dereva wa teksi

སྨྱ་རྒྱག་རླུངས་འཁོར་ཁ་ལོ་པ།

mvuvi

ཉ་པ།

mwanamke wa kusafisha

གཙང་སྐྲ་བྱེད་མཁན།

mwezekaji

ཁང་ཕྱོག་བཟོ་མཁན།

mhudumu

ཞབས་ཞུ་པ།

mwindaji

རྔོན་པ།

mchoraji

ཚོན་རྩི་གཏོང་མཁན།

mwokaji

བག་ལེབ་འལས་མ་མཁན།

umeme

གློག་བཟོ་མཁན།

mjenzi

ཨར་ལས་པ།

mhandisi

ཨར་ལས་འཆར་འགོད་པ།

mchinjaji

བཤན་པ།

fundi bomba

ཆུ་ལམ་བཟོ་སྐྲུན་པ།

mwanaposta

ཡིག་སྐྱེལ་པ།

mwanajeshi

དམག་མི།

msanifu majengo

ཨར་ལས་པ།

keshia

དངུལ་གཉེར།

muuza maua

མེ་གསོད་མཁན།

msusi

སྐྲ་བཟོ་མཁན།

kondakta

སྐུ་འདྲེན།

mekanika

བཟོ་ལས་པ།

nahodha

འགྲོ་ཉེད།

daktari wa meno

སོའི་སྨན་པ།

mwanasayansi

ཚན་རིག་པ།

rabbi

འཇིན་སློབ་དཔོན།

imamu

ཨི་མམ།

mtawa

གྲྭ་པ།

kasisi

ཆོས་དོན་གཉེར་མཁན།

zana
སྤྱོད་ཆས།

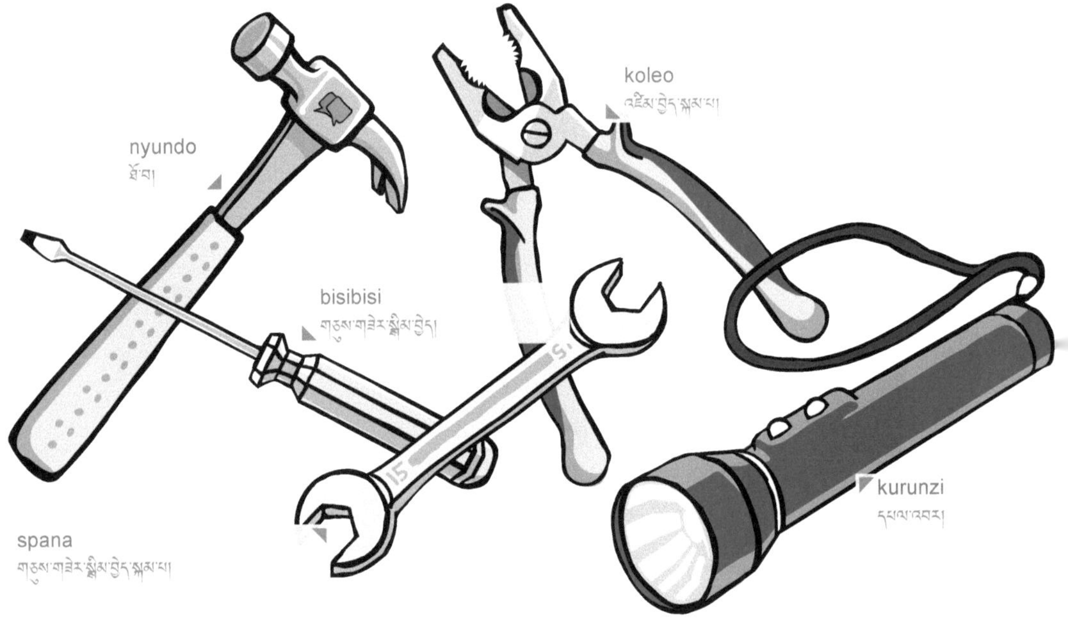

nyundo
ཐོ་བ།
koleo
འཛིམ་བྱེད་སྐམ་པ།
bisibisi
གཅུས་གཟེར་སྒྲིམ་བྱེད།
spana
གཅུས་གཟེར་སྒྲིམ་བྱེད་སྐམ་པ།
kurunzi
དཔལ་འབར།
15

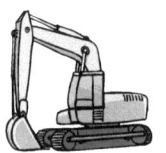

mchimbaji

སྔོག་མཁན།

sanduku la vifaa

སྤྱོད་ཆས་སྒམ།

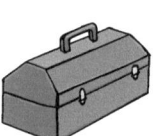

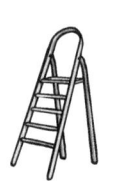

ngazi

འཛེགས་སྐས།

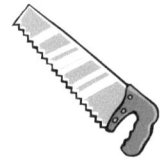

msumeno

སོག་ལེ།

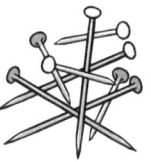

misumari

ལྕགས་གཟེར།

kuchimba visima

འབིགས་གསོར་འཕྲུལ་འཁོར།

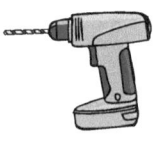

kukarabati

བོ་་བཙོས་རྒྱག་པ།

sepetu

སྐུག་ས།

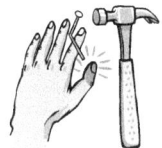

Lo!

ཨ་ལའི་ག

kishikio cha uchafu

གད་གཙིགས་གཡུགས་ཉེད་ལུགས།

chungu cha rangi

ཚུས་ཚོ།

skurubu

གཟུས་གཟེར།

ala za muziki

རོལ་ཆས།

spika
སྒྲ་སྒྲོག

mpangilio wa ngoma
རྔ་ཕུབས།

besi mara mbili
སྒྲ་དབྱངས་འོག་ལེན།

tarumbeta
འཁྲིལ་ཆུང་།

gita
རྒྱུད་རྙིག

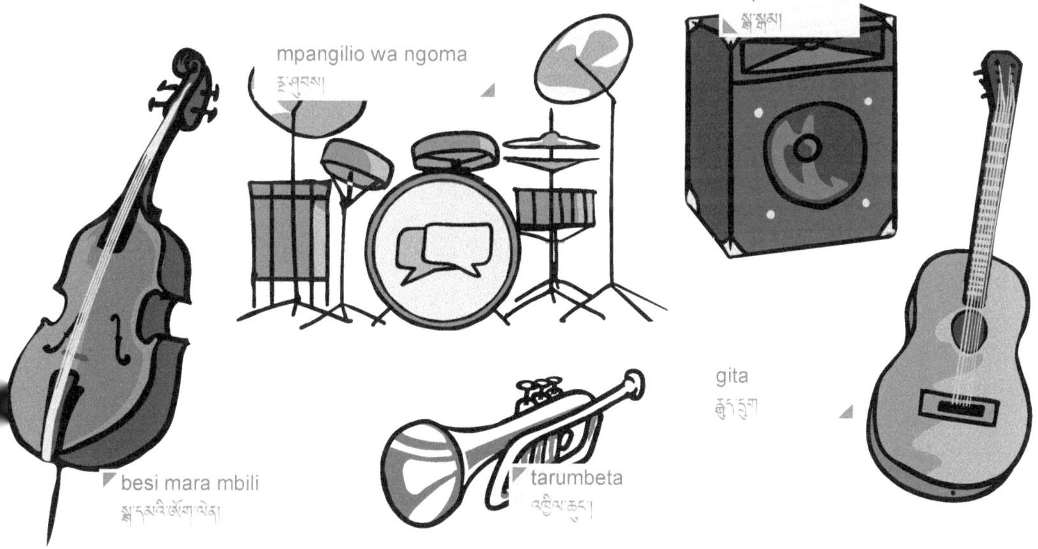

piano

འཕྲོ་སྙིན།

fidla

འབེགས་རྐྱུ།

ubeji

སྒྲ་གདངས་དམར་བ།

timpani

སྒྲ་སྙིང་རྐྱུག

ngoma

རྔ།

kibodi

མཐེབ་གཞོང་།

saksafoni

སག་སོ་ཧྥོན།

filimbi

འབུད་གླིང་།

maikrofoni

སྐད་སྒྲོག

bustani ya wanyama

གཅན་གཟིགས་ཁང་།

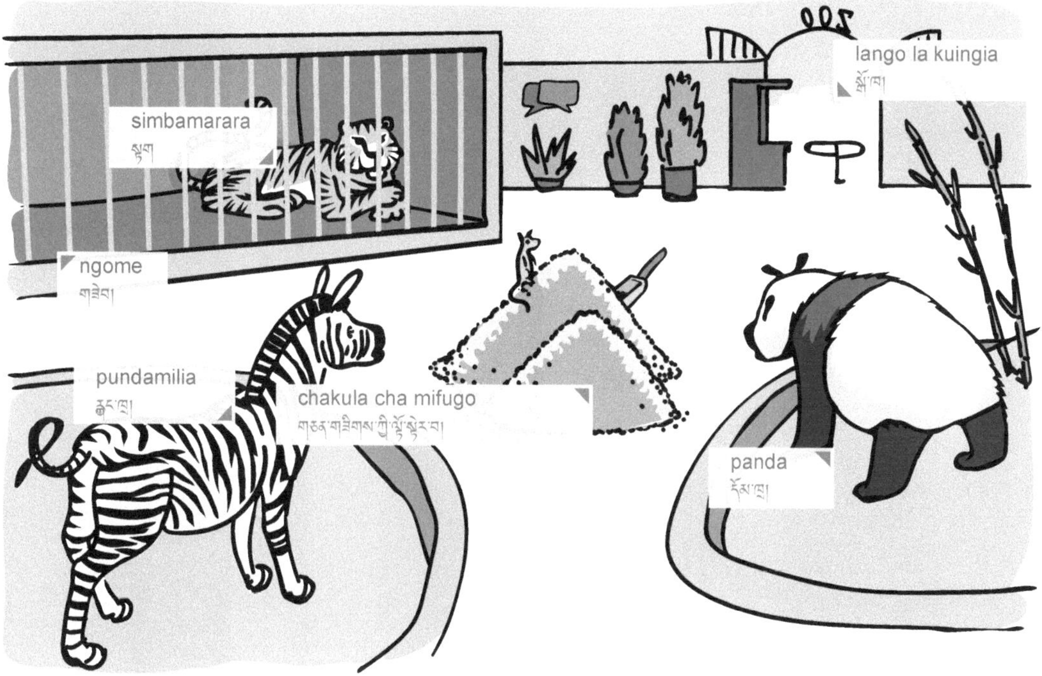
zoo
lango la kuingia
སྒོ་ཁ།
simbamarara
སྟག།
ngome
གཟེབ།
pundamilia
རྐྱང་ཁྲ།
chakula cha mifugo
གཅན་གཟིགས་ཀྱི་ལྟོ་སྟེར་བ།
panda
དོམ་ཁྲ།

wanyama

སྲོག་ཆགས

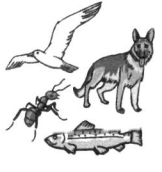

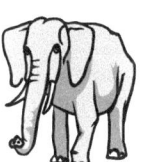

tembo

གླང་ཆེན།

kangaruu

ཀངྒ་རུ།

kifaru

བསེ་རུ།

sokwe

མི་རྒོད།

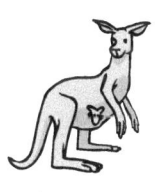

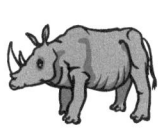

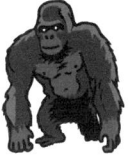

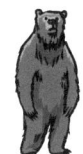

dubu

དོམ།

ngamia

རྔ་མོང་།

mbuni

རྔ་མོང་གྱ་ཆེན།

simba

སེང་གེ།

tumbili

སྤྲེལ་ནུ།

heroe

དང་བའི་རྒྱལ་པོ།

kasuku

ནེ་ཙོ།

dubu

དོམ་དཀར།

penguini

བྱ་ཆེན་ཡིད་གུས།

papa

ཉ་ཆེན་མཆེ།

tausi

རྨ་བྱ།

nyoka

སྦྲུལ།

mamba

རྩ་སྦྲུལ།

mtunza wanyama

གཅན་གཟན་ཁང་གི་གཉེར་པ་ལས་བ།

muhuri

མཚོ་ཕྱུགས།

jaguar

གཅན་གཟན་གུང་།

mwanafarasi

ཤྱལ་རྟ།

chui

གཟིག

kiboko

ཆུ་རྟ་ཕག

twiga

ཤ་ཧ་ལོ་རིང་།

tai

ཁྲ།

nguruwe mwitu

ཕོ་ཕག

samaki

ཉ།

kobe

རུས་སྦལ།

sili

ཕྱི་ལ་རུས།

mbweha

ཝ་མོ།

paa

དགོ་བ།

ལས་རྩལ།

soka ya marekani
ཨ་རིའི་རྐང་རྩེད་སྤོ་ལོ།

uendeshaji baiskeli
རྐང་འཁོར་རི་ལ་བཞོན་པ།

tenisi
ཐེ་ནི་སི།

mpira wa kikapu
ལས་ཀྱིའི་སྤོ་ལོ།

kuogelea
རྒྱལ་རྩལ་བ།

ndondi
རྡོག་མིད།

magongo ya barafuni
ཚོག་ཀྱི་བི།

soka
རྐང་རྩེད་པོ་ལོ།

vinyoya
བྱ་སྒྲོའི་སྤོ་ལོའི་རྩེད་མོ།

riadha
ལས་རྩལ་ལས་འགུལ།

mpira wa mikono
ལག་རྩེད་པོ་ལོ།

skii
གངས་ཤུད་པ་ལེབ།

polo
པོ་ལོ།

kuruka མཆོང་བ།

kumbatia འཁྱམ་འཁྱུད་བྱེད་པ།

cheka གད་མོ་དགོད་པ།

kutembea གོམ་པ་རྒྱག་པ།

kuimba གླུ་ལེན་པ།

kuomba གསོལ་བ་འདེབས་པ།

busu འོ་བྱེད་པ།

ota ndoto རྨི་ལམ་རྨོང་བ།

kuandika འབྲི་བ།

kuteka འབྲི་བ།

angalia མིག་ལ་ལྟ་བ།

sukuma འབུད་རྒྱག་གཏོང་བ།

kutoa སྤྲོད་པ།

kuchukua ལེན་པ།

kuwa

ཡོད་དr

fanya

བྱེད།

kuwa

ཡོན།

kusimama

ལངས་པ།

kukimbia

རྒྱུག་པ།

vuta

འཐེན་པ།

kutupa

འཕེན་པ།

kuanguka

ལྷུང་བ།

hadaa

ཉལ་བ།

kusubiri

སྒུག་པ།

kubeba

འཁུར།

kukaa

མར་སྡོད་པ།

vaa nguo

གྱོན་པ།

usingizi

གཉིད་ཉལ་བ།

kuamka

ཡར་ལངས་པ།

kuangalia

སྤྱོ་བ།

lia

དུ་བ།

kiharusi

གོན་པ་བྱོན་པ།

chana nywele

སྐྲ་འཆད་པ།

ongea

སྐད་ཆ་གྩོང་པ།

kuelewa

རྟོགས་པ།

kuuliza

དྲི།

kusikiliza

གྩོས་པ།

kunywa

འཐུང་།

kula

ཟ།

nadhifisha

ལེགས་སྐྲིག

upendo

དགའ་བ།

mpishi

འཚེད་པ།

gari

རྡུལ་འཁོར་གཏོང་བ།

kuruka

འཕུར་བ།

meli

ཆུ་མཚོར་སྐྱོད་པ།

kokotoa

རྩིས་རྒྱག་པ།

kusoma

ཀློག་པ།

kujifunza

སྦྱོང་སྦྱོང་བྱེད་པ།

kazi

ལས་ཀ་བྱེད་པ།

kuoa

གཉེན་སྒྲིག་བྱེད་པ།

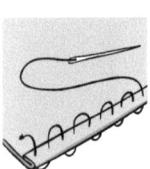

kushona

འཚེམ་པ།

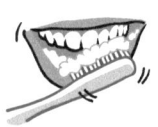

piga mswaki

སོ་འཁྲུས།

kuua

གསོད་པ།

moshi

འདུག་པ་འཐེན་པ།

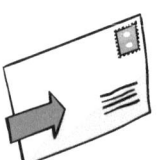

kutuma

གཏོང་བ།

bibi
རྩི་མོ།

babu
ཕོ་ཕོ།

baba
ཨ་པ།

mama
ཨ་མ།

mtoto
ཕྲུག་མ།

binti
བུ་མོ།

bin
བུ་ཕྲུག

mgeni

མགྲོན་པོ།

shangazi

ཨ་ནེ།

mjomba

ཨ་ཞང་།

kaka

ཕ་ཅི།

dada

ཨ་ཇོ།

mwili

ལུས་ཕུངས།

paji la uso
ཐོད་པ།
jicho
མིག
uso
ངོ་གདོང་།
kidevu
མ་ཤེ།
matiti
ནུ་མ།
kidole
མཛུབ་མོ།
mkono
ལག་པ།
mkono
ལག་ངར།
bega
ཕྲག་པ།
mguu
རྐང་པ།

mtoto

བྱིས་པ།

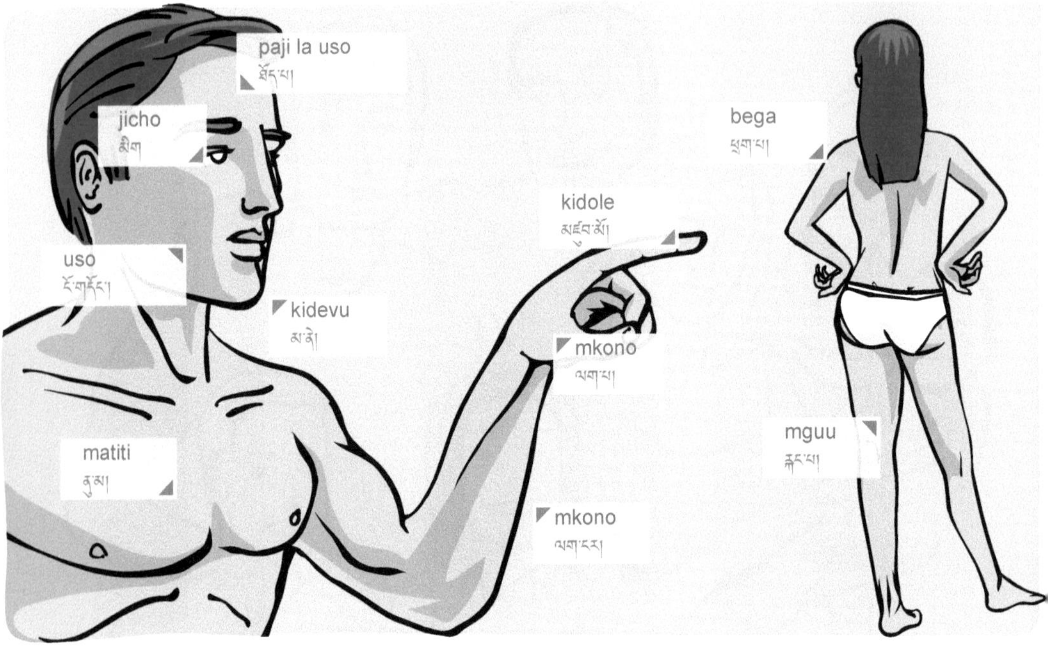

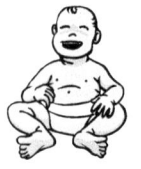

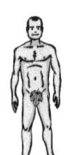

mwanamume

སྐྱེས་པ

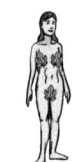

mwanamke

བུད་མེད།

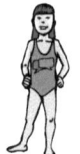

msichana

བུ་མོ།

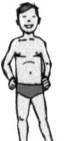

mvulana

བུ།

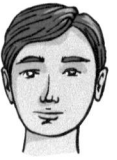

kichwa

མགོ།

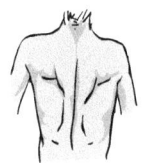

nyuma

སྐུལ་པ།

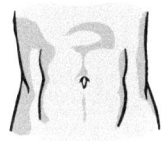

tumbo

ཚོག་པ།

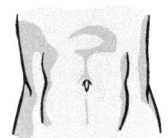

kitovu

ལྟེ་བ།

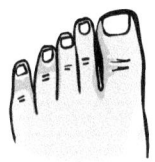

chano

རྐང་མཐིལ།

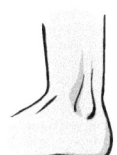

kisigino

རྗེང་ཀ།

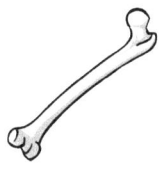

mfupa

རུས་པ།

nyonga

དཔྱི་མགོ།

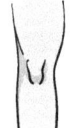

goti

པུས་མོ།

kiwiko

གྲུ་མོ།

pua

སྣ།

chini

ཀུག།

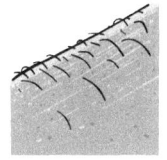

ngozi

པགས་པ།

shavu

ཧོ་གཏོང།

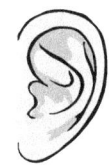

sikio

རྣ་མཆོག།

mdomo

མཆུ།

kinywa

ཁ།

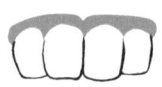

jino

སོ།

ulimi

ལྕེ།

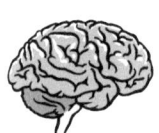

ubongo

ཀླད་པ།

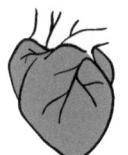

moyo

སྙིང་།

misuli

ཤ་གནད།

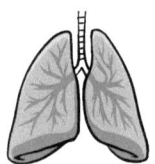

pafu

གློ་བ།

ini

མཆིན་པ།

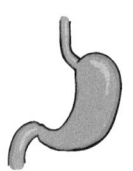

tumbo

གྲོད་པ།

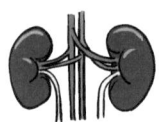

figo

མཁལ་མ།

jinsia

འབྲིག་སྟོབ།

kondomu

སྤུར་སྦུབས།

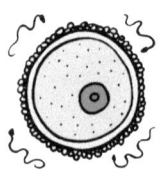

ovari

ཁམས་དཀར།

shahawa

ཁམས་དཀར།

mimba

སྦྲུམ་མའི་གནས་སྐབས།

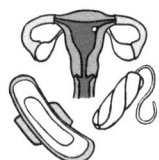

hedhi

རྒྱ་མ་ཚོན།

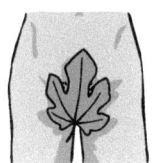

uke

ཁུའི་སྐོ།

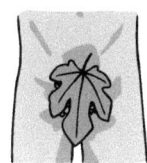

uume

ཕོ་མ་ཚོན།

unyusi

སྤྱི་ན་མ།

nywele

སྐྲ།

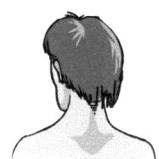

shingo

སྐེ།

hospitali

སྨན་ཁང་།

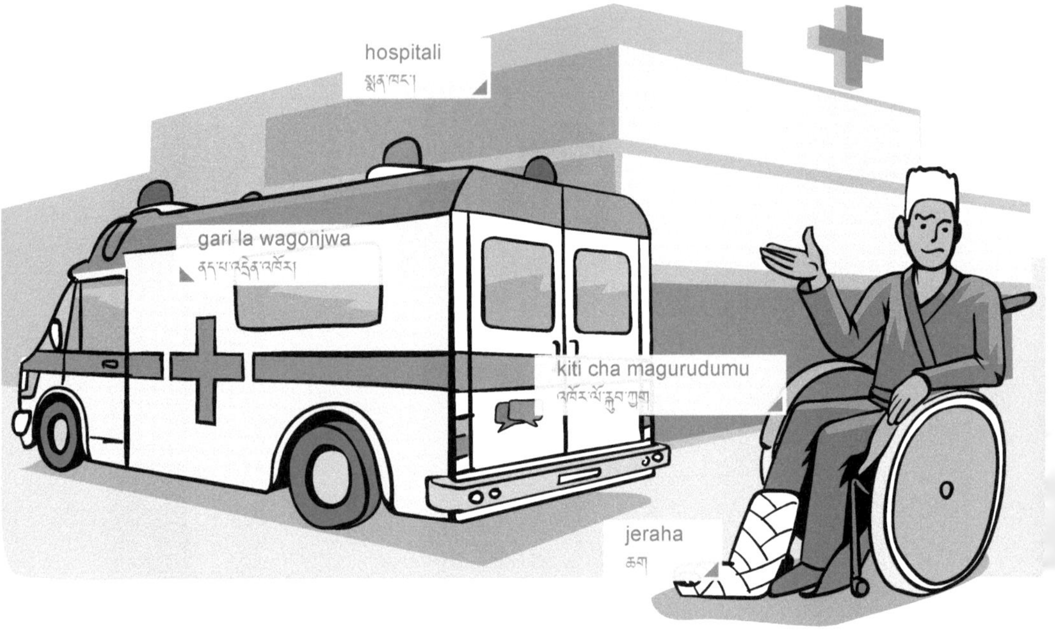

hospitali
སྨན་ཁང་།
gari la wagonjwa
ནད་པ་འདྲེན་འཁོར།
kiti cha magurudumu
འཁོར་ལོ་རྐུབ་ཀྱག
jeraha
ཆག

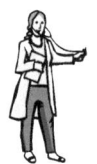

daktari

སྨན་པ།

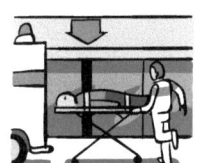

chumba cha dharura

ཁུར་སྒྲོམ་ཁང་།

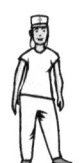

muuguzi

ནད་གཡོག

dharura

ཁུར་སྒྲོམ།

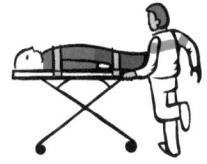

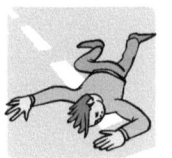

kupoteza fahamu

དྲན་པ་འཐོར།

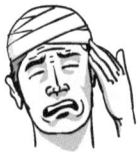

maumivu

ཟུག་རྔུ།

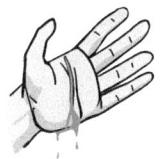

kuumia

སྐྲངས།

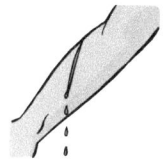

kutokwa na damu

ཁྲག་བཞུར་བ།

mshtuko wa moyo

སྙིང་ཁྲག་དུགས་པ།

kiharusi

གཟའ་ཟིན།

mzio

ཚ་བས་སྦྲི།

kikohozi

གློ་རྒྱག་པ།

homa

ཚ་བ་རྒྱུས་པ།

mafua

ཆམ་པ་རིམས་ནད།

kuharisha

བཤལ་ནད།

maumivu ya kichwa

མགོ་ནད།

kansa

སྐྲན་ནད།

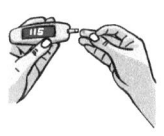

ugonjwa wa kisukari

གཅིན་སྙི།

daktari mpasuaji

གཤགས་བཅོས་སྨན་པ།

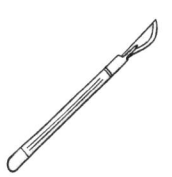

kisu kidogo cha kupasulia

གཤགས་གཏུབས་གྲི།

operesheni

བཀོག་སྦྱོང་།

picha changanufu ya mwili

CT ཞིབ་བཤེར།

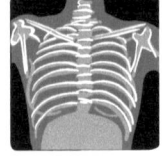

Eksrei

སྐྱོག་དཔར།

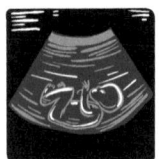

mawimbi sauti

བརྒྱལ་སྐུད་སྐྱོག་དཔར།

barakoa ya uso

ཁ་ཁེབས།

ugonjwa

ནད།

chumba cha kusubiri

སྒུག་ཁང་།

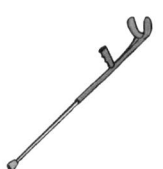

mkongojo

ཉ་པོའི་འབར་ཤིང་།

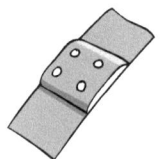

plasta

བག་རྫས།

bendeji

རྨ་དཀྲིས།

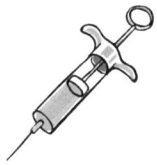

sindano

ཁབ།

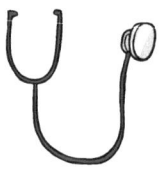

stetoskopu

ནད་ཞིབ་ཉན་སྐྲ་འཕུལ་ཆས།

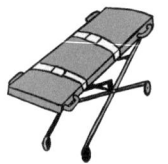

machela

འགྱོག་འཕང་།

kipimajoto cha kliniki

ཚ་དྲོད་རྐྱེན་ཆས།

kuzaliwa

སྐྱེ་བ།

unene kupita kiasi

ཕྱིད་བསྐྱལ།

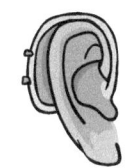

kusikia misaada

ཉན་ཕན་པོ་བྱེད།

kipukusi

དུག་སེལ་སྐྱུར་རྫས།

maambukizi

འགོ་བ།

virusi

དུག་སྲིན།

VVU / UKIMWI

ཨེ་ཙི་ནད་དུག

dawa

སྨན།

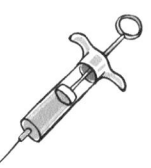

chanjo

སྟོན་འགོག་སྐྱུན་ཁབ།

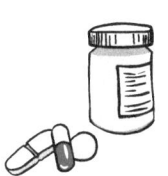

vidonge

སྨན་རིལ།

kidonge

སྟོ་འགོག་སྨན།

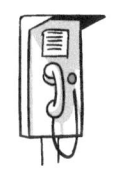

simu ya dharura

སྲུང་སྐྱོབ་འབོད་པ།

haemodainamometa

ཁྲག་གཅོན་ཚོད་རྗེས་རྫས།

mgonjwa / mwenye afya

ནད་པ་འདྲེ་པོ་ཡང་པོ།

kengele

ཉེན་བརྡ།

pigo

ཀློག་འཕྲོངས།

Msaada!

སྐྱོག་སྐྱོབ་ཡ།

shambulizi

བཙན་རྟོལ་བ།

hatari

ཉེན་ཁ།

lango la dharura

སྒྲིལ་སྒོར་ཉེན་སྒོ།

Moto!

མེ།

kizima moto

མེ་གསོད་ཡོ་བྱད།

ajali

འཁྲུལ་ཉེན།

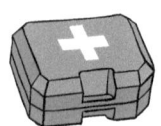

vifaa vya huduma ya
kwanza

སུར་སྐྱོབ་སྒམ།

wito wa msaada

རེ་སྐྱོག་སྒྲོགས།

polisi

ཉེན་རྟོག་བ།

Ulaya

ཨུ་རོབ།

Amerika ya Kaskazini

ཨ་མི་རི་ཀའི་བྱང་མ།

Amerika ya Kusini

དུ་མི་རི་ཀའི་ལྷོ་མ།

Afrika

ཨ་ཧྥི་རི་ཀ།

Asia

ཨེ་ཤེ་ཡ།

Australia

ཨོ་སི་ཏྲོ་ལི་ཡ།

Atlantiki

དུབ་ཆེན་རྒྱ་མཚོ།

Pasifiki

ཞི་བདེའི།

Bahari ya Hindi

རྒྱ་གར་རྒྱ་མཚོ།

Bahari ya Antaktiki

ལྷོ་ཕྱོགས་རྒྱ་མཚོ།

Bahari ya Aktiki

བྱང་ཕྱོགས་ཀྱི་རྒྱ་མཚོ།

Ncha ya Kaskazini

བྱང་རྩེ།

Ncha ya Kusini

ཕོ་སྐྱེ།

Antaktika

ཕོ་སྐྱེ་གླིང་།

dunia

ས་གོ་ལ།

nchi

ས།

bahari

རྒྱ་མཚོ།

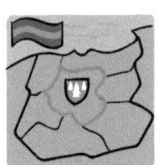

kisiwa

གླིང་ཀ།

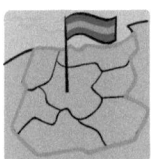

taifa

རྒྱལ་ཁབ།

jimbo

རྒྱལ་ཁབ།

uso wa saa

རྒྱུ་ཚོད།

akrabu ya saa

རྒྱུ་ཚོད་ཀྱི་མདའ།

akrabu ya dakika

སྐར་མ་མདའ།

akrabu ya sekunde

སྐར་མ་མདའ།

Ni saa ngapi?

དུས་ཚོད་ག་ཚོད་རེད།

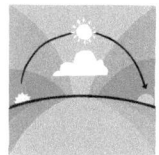

siku

ཉིན།

wakati

དུས་ཚོད།

sasa

ད་ལྟ།

saa ya dijitali

པར་ཕབ་དཔྱིངས་ཅན་གྱི་རྒྱུ་ཚོད།

dakika

སྐར་མ།

saa

དུས་ཚོད།

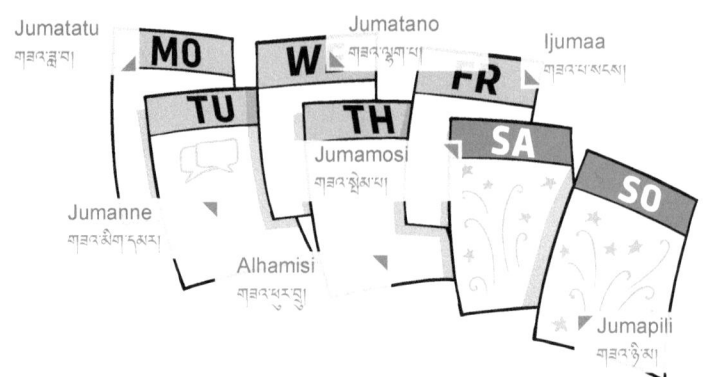

Jumatatu
གཟའ་ཟླ་བ།

Jumatano
གཟའ་ལྷག་པ།

Ijumaa
གཟའ་པ་སངས།

Jumanne
གཟའ་མིག་དམར།

Jumamosi
གཟའ་སྤེན་པ།

Alhamisi
གཟའ་ཕུར་བུ།

Jumapili
གཟའ་ཉི་མ།

jana
ཁ་སང་།

leo
དེ་རིང་།

kesho
སང་ཉིན།

asubuhi
ཞོགས་པ།

saa sita mchana
ཉིན་དགུང་།

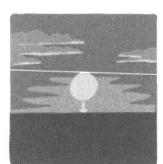

jioni
དགོང་མོ།

siku za biashara
ལས་གཉེར་ཉིན་པོ།

mwishoni mwa wiki
བདུན་ཕྲག་གི་མཇུག་འཚོལ།

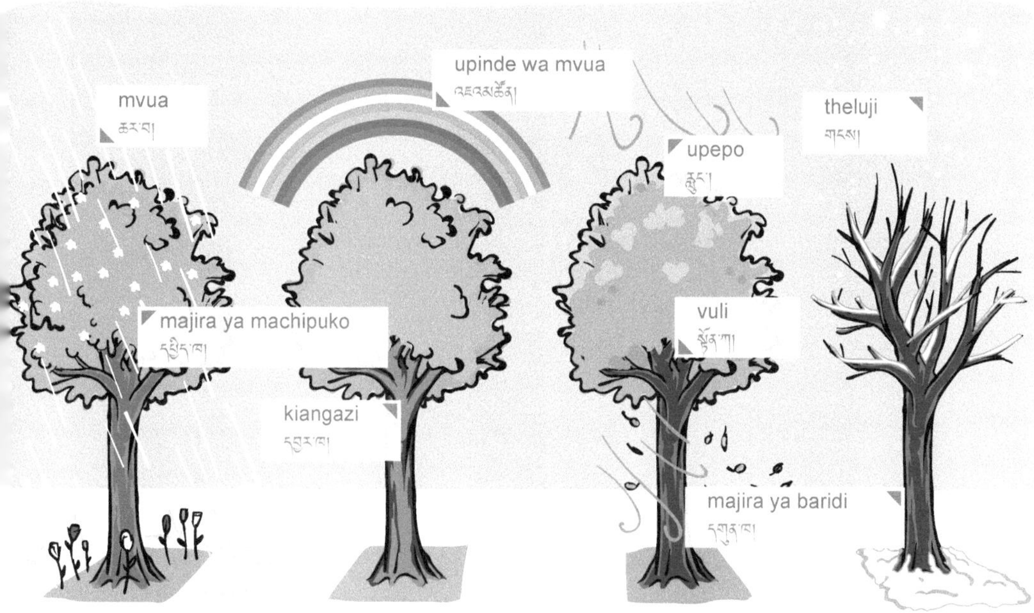

mvua
ཆར་པ།
upinde wa mvua
འཇའ་ཚོན།
theluji
གངས།
upepo
རླུང་།
majira ya machipuko
དཔྱིད་ཁ།
kiangazi
དབྱར་ཁ།
vuli
སྟོན་ཀ།
majira ya baridi
དགུན་ཁ།

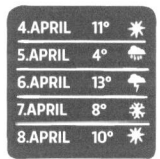

4.APRIL 11°
5.APRIL 4°
6.APRIL 13°
7.APRIL 8°
8.APRIL 10°

utabiri wa hali ya hewa

གནམ་གཤིས་སྔོན་བརྡ།

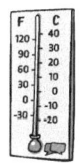

F
C
120
90
60
30
0
-30
40
30
20
10
0
-10
-20

kipimajoto

དྲོད་ཚད་རྟགས་ཆས།

mwanga wa jua

ཉི་འོད།

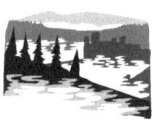

wingu

སྤྲིན།

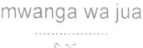

ukungu

སྨུག་པ།

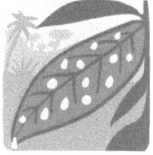

unyevu

བརླན་ཚད།

umeme

བློག

radi

འབྲུག་སྐད།

dhoruba

རླུང་འཚུབ།

mvua ya mawe

སེར་བ།

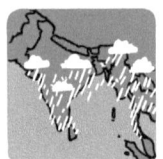

monsuni

དུས་རྫུད།

mafuriko

ཆུ་ལོག

barafu

འཁྱགས་པ།

Januari

སྤྱི་ཟླ་དང་པོ།

Februari

སྤྱི་ཟླ་གཉིས་པ།

Machi

སྤྱི་ཟླ་གསུམ་པ།

Aprili

སྤྱི་ཟླ་བཞི་པ།

Mei

སྤྱི་ཟླ་ལྔ་པ།

Juni

སྤྱི་ཟླ་དྲུག་པ།

Julai

སྤྱི་ཟླ་བདུན་པ།

Agosti

སྤྱི་ཟླ་བརྒྱད་པ།

mwaka - ལོ།

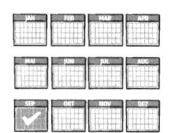

Septemba

 སྤྱི་ཟླ་དགུ་པ།

Oktoba

སྤྱི་ཟླ་བཅུ་པ།

Novemba

སྤྱི་ཟླ་བཅུ་གཅིག་པ།

Desemba

སྤྱི་ཟླ་བཅུ་གཉིས་པ།

maumbo

རྣམ་པ།

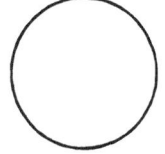

mduara

སྒོར་སྒོར།

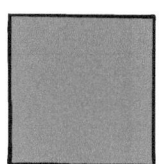

mraba

གྲུ་བཞི།

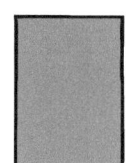

mstatili

གྲུ་བཞི་རིང་པོ།

pembetatu

ཟུར་གསུམ་པ།

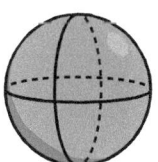

nyanja

རྒུས་གཟུགས།

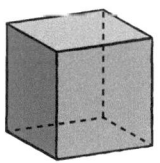

mchemraba

རྒྱ་དཔངས་གྲུ་བཞི།

nyeupe

དཀར་པོ།

manjano

སེར་པོ།

chungwa

ལི་དབང་།

rangi ya waridi

ཁྲ་སྨུག

nyekundu

དམར་པོ།

hudhurungi

སུ་མེན་མདོག

bluu

སྔོན་པོ།

kijani

ལྗང་གུ

hanja

ཚ་སྐྱ།

jivujivu

སྐྱ་པོ།

nyeusi

ནག་པོ།

mengi / kidogo

མང་པོ་ཉུང་བ།

hasira / pole

ཁྲོ་བོ་ཞི་འཛུམ་ཅན།

nzuri / mbaya

ས་རབས་ཤ་ཁས།

mwanzo / mwisho

སྒོ་བཙུགས་པ་སྐབས་དང་སྙིལ།

kubwa / ndogo

ཆེ་བ་ཆུང་བ།

angavu / giza

འོད་ཕྱོགས་ཕྱོགས་སྣུན་རྣ།

kaka / dada

པ་ཟླ་ལྕམ་ཆེ།

safi / chafu

གཙང་མ་ག་ཚོག་པ།

kamilika / tokamilika

ར་ཚོང་གཙམ་ཚོང་བ།

siku / usiku

ཉིན་པོ་མཚན་པོ།

wafu / hai

གཤིན་པོ་གསོན་པོ།

pana / nyembamba

ཡངས་པོ་ཕྲ་པོ།

kulika / kutolika

ङ་རྡ་ཇ་མི་རྡ་བ།

ovu / ema

འན་པ་སེམས་པ་ཟེད།

sisimkwa / udhika

དག་འབྱོ་སྙོ་ག་གནན་སྡུང་སྐྱེ་ལ།

nene / nyembamba

ཚོན་པོ་རིད་པོ།

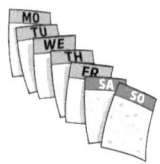

kwanza / mwisho

དང་པོ་མཐུག་མ།

rafiki / adui

གྲོགས་པོ་དགྲ་པོ།

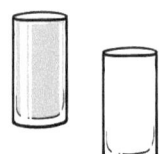

jaa / tupu

ཁེངས་པ་སྟོང་པ།

ngumu / laini

མཁྲེགས་པོ་འཇམ་པོ།

nzito / nyepesi

ལྗིད་པོ་ཡང་པོ།

njaa / kiu

བཀྲེས་པ་སྐོམ་པ།

mgonjwa / mwenye afya

ནད་པ་བདེ་པོ་ཐང་པོ།

haramu / kisheria

ཁྲིམས་འགལ་གྱི་ཁྲིམས་ཀྱི།

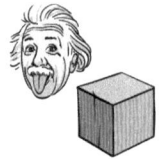

akili / kijinga

རིག་པ་ཅན་གླེན་པ།

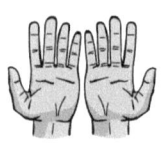

kushoto / kulia

གཡོན་གཡས།

karibu / mbali

ཉེ་པོ་ཐག་རིང་པོ།

mpya / kutumika

གསར་པ་རྙིང་པོ།

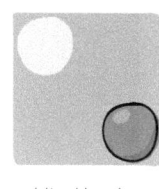

kitu / jambo

གང་ཡང་མིན་པ་ལ་རེ་ཡིན་ན།

zee / changa

ལོ་ན་མཐོ་བ་གཞོན་ན།

waka / zima

སྤྱོད་ལམ།

wazi / fungwa

ཁ་འབྱེད་ནས་ཡོད་པ་དག་ནས་ཡོད་པ་ནི།

utulivu / kelele

ཁུ་སིམ་པོ་སྐད་ཆེན་པོ།

tajiri / masikini

ཕྱུག་པོ་སྐྱོ་པོ།

sahihi / kosa

ཡོས་ཆེ་ནོར་བ།

mbaya / laini

རྩུབ་པོ་འཇམ་པོ།

huzunika / furahia

ཡིད་སྐྱོ་བ་དགའ་པོ།

fupi /ndefu

ཐུང་བ་རིང་བ།

polepole / haraka

དལ་བ་མྱུར་བ།

nyevu / kavu

རློན་པ་སྐམ་པོ།

joto / baridi

ཚོན་པོ་གྲང་པོ།

vita / amani

འཐབ་པ།

0

sufuri

ཀླད་ཀོར།

1

moja

གཅིག

2

mbili

གཉིས།

3

tatu

གསུམ།

4

nne

བཞི།

5

tano

ལྔ།

6

sita

དྲུག

7

saba

བདུན།

8

nane

བརྒྱད།

9

tisa

དགུ

10

kumi

བཅུ།

11

kumi na moja

བཅུ་གཅིག

12

kumi na mbili

བཅུ་གཉིས།

13

kumi na tatu

བཅུ་གསུམ།

14

kumi na nne

བཅུ་བཞི།

15

kumi na tano

བཅོ་ལྔ།

16

kumi na sita

བཅུ་དྲུག

17

kumi na saba

བཅུ་བདུན།

18

kumi na nane

བཅོ་བརྒྱད།

19

kumi na tisa

བཅུ་དགུ

20

ishirini

ཉི་ཤུ།

100

mia

བརྒྱ།

1.000

elfu

སྟོང་།

1.000.000

milioni

ས་ཡ།

Kiingereza

དབྱིན་སྐད།

Kiingereza cha Marekani

ཨ་རིའི་དབྱིན་སྐད།

Kimandarini cha Uchina

རྒྱི་སྐད།

Kihindi

ཧིན་དི།

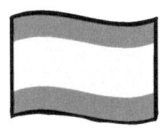

Kihispania

སི་པེན་གྱི་སྐད་རིགས།

Kifaransa

ཕ་རན་སིའི་སྐད་རིགས།

Kiarabu

ཨ་རབ་ཀྱི་སྐད་རིགས།

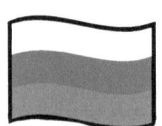

Kirusi

ཨུ་རུ་སུའི་སྐད་རིགས།

Kireno

ཕོར་ཐུག་གཱལ་གྱི་སྐད་རིགས།

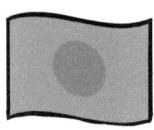

Kibengali

བྲུང་གཱ་ལ་སྐད་རིགས།

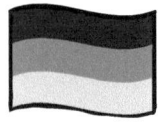

Kijerumani

འཇར་མན་སྐད་རིགས།

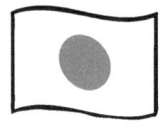

Kijapani

ཇ་པན་སྐད་རིགས།

mimi

ང་།

wewe

ཁྱེད་རང་།

yeye / yeye / ni

ཁོ་མོ་འདི།

sisi

ང་ཚོ།

wewe

ཁྱེད་ཚོ།

wao

ཁོ་ཚོ།

nani?

སུ།

nini?

ག་རེ།

jinsi gani?

ག་འདྲ།

wapi?

ག་བ།

lini?

ག་དུས།

jina

མིང་།

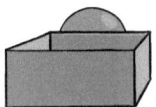

nyuma

རྣུབ་ན།

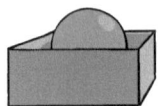

katika

ནང་ན།

mbele ya

མདུན་ན།

juu ya

སྟེང་ན།

kwenye

སྟེང་ན།

chini ya

འོག་ན།

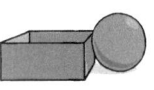

kando

འགྲམ་དུ།

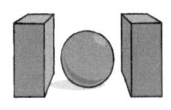

kati

བར་དུ།

mahali

ས་གནས།